回族行店与地方社会
——甘肃张家川的个案研究

靳晓芳 著

中国社会科学出版社

图书在版编目（CIP）数据

回族行店与地方社会：甘肃张家川的个案研究 / 靳晓芳著 . —北京：中国社会科学出版社，2022.7
ISBN 978 - 7 - 5227 - 0414 - 2

Ⅰ.①回⋯ Ⅱ.①靳⋯ Ⅲ.①回族—旅馆—商业史—研究—张家川回族自治县 Ⅳ.①F719.2

中国版本图书馆 CIP 数据核字（2022）第 113197 号

出 版 人	赵剑英
责任编辑	田　文
特约编辑	徐沐熙
责任校对	张爱华
责任印制	王　超

出　　版	中国社会科学出版社
社　　址	北京鼓楼西大街甲 158 号
邮　　编	100720
网　　址	http://www.csspw.cn
发 行 部	010 - 84083685
门 市 部	010 - 84029450
经　　销	新华书店及其他书店
印　　刷	北京君升印刷有限公司
装　　订	廊坊市广阳区广增装订厂
版　　次	2022 年 7 月第 1 版
印　　次	2022 年 7 月第 1 次印刷
开　　本	710×1000　1/16
印　　张	14.25
字　　数	210 千字
定　　价	76.00 元

凡购买中国社会科学出版社图书，如有质量问题请与本社营销中心联系调换
电话：010 - 84083683
版权所有　侵权必究

目　　录

绪　论 …………………………………………………………（1）
　第一节　研究背景、过程及意义 ……………………………（2）
　　一　研究背景 ……………………………………………（2）
　　二　研究过程 ……………………………………………（3）
　　三　研究意义 ……………………………………………（5）
　第二节　研究现状 ……………………………………………（7）
　　一　对行店的研究 ………………………………………（7）
　　二　对张家川地方社会的研究 …………………………（8）
　第三节　基本说明 ……………………………………………（10）
　　一　理论视角 ……………………………………………（10）
　　二　主要概念界定 ………………………………………（13）
　　三　全书的结构框架 ……………………………………（16）
　　四　难点与重点 …………………………………………（18）
　第四节　研究方法 ……………………………………………（19）
　　一　文献法 ………………………………………………（19）
　　二　访谈法 ………………………………………………（20）
　　三　观察法 ………………………………………………（21）

目 录

上篇　晚清至民国时期的张家川回族行店

第一章　行店的历史形成 …………………………………（25）
　第一节　行店产生的历史原因 ……………………………（25）
　第二节　行店经营面面观 …………………………………（32）
　第三节　地方士绅在行店业中的作为 ……………………（38）
　　一　李得仓的"十大号"对地方经济模式的首创 ………（38）
　　二　马元超家族创办行店 ………………………………（40）
　　三　"兴盛泰"的"期货"经营 …………………………（42）
　　四　"俊义成"的皮货经营 ………………………………（46）

第二章　行店对地方经济的影响 …………………………（51）
　第一节　依恃特权的包税制度及行业垄断经营 …………（51）
　第二节　布帖与纸帖的发行 ………………………………（60）
　　一　充当股票的职能 ……………………………………（62）
　　二　充当货币的职能 ……………………………………（64）
　　三　充当保值的购物券 …………………………………（66）
　第三节　洋行影响下的行店发展 …………………………（67）

第三章　行店的资金流向 …………………………………（78）
　第一节　行店主之间的融资方式 …………………………（78）
　第二节　"无商不土"与"西路"贸易 ……………………（85）
　第三节　东路贸易及其影响 ………………………………（91）

第四章　行店介入非商领域及其没落 ……………………（99）
　第一节　行店主经商背后的生活 …………………………（100）
　第二节　行店对教育的渗透 ………………………………（115）
　　一　兴办教育的原因 ……………………………………（115）
　　二　行店主在教育领域中的践行 ………………………（122）
　第三节　最后的没落 ………………………………………（125）

· 2 ·

目录

下篇　张家川回族行店的现代接续

第五章　行店的重建与衰变 (133)
第一节　行店的重新建立及辉煌经营 (133)
　　一　市场建立的标志性事件——"高昌远"的开张运营 (133)
　　二　新时期行店的经营特色 (137)
第二节　行店的兴衰演变 (142)
　　一　支柱产业税收的走势所反映的市场兴衰 (143)
　　二　行店业经营规模的变化所反映的兴衰 (146)
　　三　外界关注度的变化所反映的行店兴衰 (151)
　　四　国际金融危机加剧了行店的进一步衰落 (154)

第六章　行店发生变迁的影响因素 (158)
第一节　外缘性因素的冲击 (158)
　　一　原产地市场的出现 (159)
　　二　综合型皮毛市场的兴起 (159)
第二节　经营模式的被动转变 (164)
　　一　来自商贩的风险 (165)
　　二　来自客商的风险 (165)
第三节　软、硬环境发展的不足 (169)
　　一　软环境 (169)
　　二　硬环境 (178)

第七章　行店兴衰与地方社会 (183)
第一节　行店主在教育领域的作为 (183)
　　一　与行店密切相关的女校教育 (183)
　　二　对普通教育的重视及其践行 (188)
第二节　新型社会观念的形成 (190)
第三节　次生行业的变迁 (195)

目录

第八章 百年行店衰落后的思考 ……………………（202）
 第一节 "龙山模式"的终结 ……………………（202）
 第二节 破茧重生 ……………………………………（205）

参考文献 ………………………………………………（215）

后 记 …………………………………………………（220）

补 记 …………………………………………………（222）

绪　　论

　　张家川回族自治县地处甘肃省东南部，东邻陕西陇县，北毗甘肃华亭、庄浪等县，在南面与清水县为邻，在西面又与秦安县接壤，是打通甘肃、陕西以及宁夏的咽喉要地。由于地质构造上恰好处在六盘山和秦岭两大山系的接壤处，所以其地貌以"山大沟深"著称陇上。整个县所属的耕地面积仅为总土地面积的28.70%，而川地面积仅为总土地面积的6.23%。[1] 张家川回族自治县的人口构成以回族和汉族为主。据统计数据可知，"至2005年，全县共有人口319732人，其中，回族221512人，占人口总数的69.28%；汉族98220人，占人口总数的30.72%"[2]。而在总人口中，"农业人口占全县总人口的95%"[3]。

　　如此多的农业人口，如此少而贫瘠的耕地面积，无论是在历史中，还是在现实中，都自然地将张家川推向了贫困的边缘。因此，它一度是国家级贫困县之一。然而，正是在这片土地上，一直以来，存在着一股引人注目的经济力量——当地回族人民祖祖辈辈经营的皮毛中转贸易。皮毛贸易的经营不仅很大程度上弥补了农业发展的不足，而且在很长时间内占据着优势经济地位。正如当地人所宣称的那样，皮毛中转贸易一直都是张家川的一块金字招牌。可以看出，在如此贫困的地方形成的皮毛贸易，带给当地人的不仅是利益，还是荣誉。

---

[1] 参见《张家川回族自治县概况》，民族出版社2008年版，第2—4页。
[2] 《张家川回族自治县概况》，民族出版社2008年版，第5页。
[3] 《张家川回族自治县概况》，民族出版社2008年版，第71页。

| 绪 论 |

承载经营皮毛中转贸易的场所,被当地人称为"行店"。无论就其经营规模而言,还是辐射功能而论,行店都可以被看作是皮毛贸易的核心,甚至它本身就可以充当皮毛中转贸易的代名词。"行店"虽不是张家川人的首创,但是在张家川的地位却举足轻重。可以说,一部行店史,也就是一部张家川的社会发展史。行店,这朵荒原上开出的奇葩,带给我们太多的诱惑,促使我们试图对它展开探索。

第一节 研究背景、过程及意义

一 研究背景

对于不同地域商业模式研究的关注一直是整个学术界的兴趣所在,早有对晋商、徽商的研究,现有对浙商、粤商的探讨。虽然各个商帮处于不同的历史时段,但学界在研究的过程中大多关注于商业与地方社会之间的关系,尤其是商人与社会的关联。

与此相应,学术界对于回商的研究也是方兴未艾。"西道堂模式""单家集模式""临夏模式"及"龙山模式"的提出就是近年来西北地区回商经济现象在学界的反映。但是,大多数学者所关注的仅局限于在经济方面对回商经营模式的探讨或宗教对经商的影响等,却忽视了对回商与地方社会之间关系的关注。管子曾说:"士农工商四民者,国之石民也。"[①] 石民,就是社会的柱石之民、奠基之民,由此指出,商人对社会的发展而言,功不可没。可见,商业与社会之间的紧密度。因此如果忽视了从社会的维度来理解商业,那么理解是不完整的;如果理解社会时,缺失了商业的角度,也同样是残缺的。商业与社会的关系及目前的研究状况使得我们在探讨回族行店时,更多地将注意力转向了行店与地方社会之间盘根错节的复杂关系。

作为回族的一种传统商业模式,行店在张家川回族自治县已有百余年历史,它的成功经营带动了当地皮毛贩运业、皮革加工业、运输

---

① 《管子·小匡》。

业、服务业、餐饮业等其他一系列产业的发展；同时也对当地的教育以及人们的生活方式等诸多方面产生重要影响，并促进了当地社会与外界的广泛联系。长期以来，行店活动渗透在本地回族生活的方方面面。同样，地方社会的影响在行店的发展历程中也如影随形。如今，随着市场经济的发展，行店的存在方式与社会功能也相应地发生了转化，其原有的对当地皮毛交易的垄断状态被逐步打破，行店的市场地位开始发生变化。围绕这一变化的发生，整个地方社会也陷入了发展的低谷。因此，我们将以关注当下的情怀对行店的发展史进行梳理，它不可避免地涵盖对不同时期的地方社会系统运行的关注。我们希望通过系统的梳理，呈现行店与地方社会互动的轨迹，并以此寻求解答当下行店发展困境的路径选择。

二 研究过程

开展研究之初，首要的工作是查阅大量的背景资料，以便对所要研究的问题有一个知识层面的了解，对于他人的研究现状有一个概观的把握。无论是历史文献还是现代文献的大量查阅，都为进一步深入地研究问题奠定了基础。

接下来的工作就是如何进入田野点的问题。张家川距离兰州市并不远，然而对于笔者来说，却是完全陌生的地域。如何成功地进入田野点呢？怀特在《街角社会》一书中阐述了他如何进入其研究点科纳威里，其中他着重提到，认识田野点的核心人物是研究获得成功的关键，作为核心人物的多克不仅是田野的向导、信息的来源，更是研究的合作伙伴。[①] 因此，寻求核心人物的帮助成为笔者开展调查前的首要准备。值得庆幸的是，通过友人的帮忙，笔者在进入张家川之前就结识了当地的 W 老师[②]，她性格豪爽，在当地颇有人缘，其广泛的

---

① 参见［美］威廉·富特·怀特《街角社会：一个意大利人贫民区的社会结构》，黄育馥译，商务印书馆1994年版，第329—342页。

② 根据人类学撰写惯例，本书中出现的被访者和提供帮助者的姓名均已做更改，用英文字母代替。

| 绪 论 |

交友网络为笔者在张家川的调查提供了条件。首先，在政协、税务、工商等部门所搜集的资料绝大部分都端赖于她的引荐。虽然刚巧碰上县政府搬迁，有些资料还未被整理，但在政协工作人员的指点下，笔者找到了多位曾经为县文史资料撰写与本书主题相关的文献执笔人士，其中最年长者虽已近90岁，但仍精神矍铄。在访谈他们的过程中，深化了相关资料，拓展了预期的研究范围。经由他们介绍，又走访了当地几位民国年间重要的行店主后裔，进一步确认相关史料的真实性，同时收获了大量有关行店主家庭生活的第一手资料。应该说，以张家川镇为田野点，晚清至民国年间的行店史料由模糊逐渐变得清晰。加之由于回族的互相联姻，在一个较小的区域中，人们彼此非常熟识，甚至很多是亲上加亲，这为印证调查资料的翔实也提供了初步的保证。

对于现代行店活动的研究则自然而然将田野点选在了如今的陇上皮毛集散地——龙山镇。在当地，笔者同样得到了一位热心人士的帮助，依照当地人的称呼，称其为M爸[①]。他曾经做过皮毛商贩，与很多行店打过交道，最初对于一些行店的调查完全是他一手安排。在对几个行店做了初次访谈之后，笔者获得了一些关于行店的概观资料，为拟定访谈提纲奠定了基础。最重要的是，获得了行店主对于调查的态度。他们的热情与耐心使笔者对后续的大量调查充满了信心，事实正如原先的乐观估计一样，整个调查过程是"0"拒访率。当然，这个结果除了行店主的态度以外，还取决于调查所选择的时间。本书田野调查的总体时间安排在皮毛交易的淡季，即四五月间，并在调查的时候，尽量选在农历双日的一天对行店主进行访谈，而在单日的一天，则对行店活动给予观察。[②] 这种时间上的错峰安排保证了访谈和观察的最大有效性。

在查阅文献及前期调查的基础上，进一步确定访谈的主题与范

[①] M是其姓氏，"爸"是"伯伯"或"叔叔"的意思，是当地人对与父辈平行的男性长辈的尊称。

[②] 龙山镇逢农历的单日为集，双日就成了他们的自然休息日。

| 绪　论 |

围。之后，对当地的皮毛行店进行了有针对性的筛选。首先，选择地方资料记载的典型代表，如1983年在龙山镇第一家恢复个体联营的"高昌远"老字号①；其次，选择以往经营较好但如今正在走下坡路的行店，如前进行店、永久行店、解放行店等；再次，选取目前经营状况较好的星月行店、兄弟行店、明新行店、盛泰行店、国美行店、全祥行店、生生行店等。最后，对剩余的行店进行随机抽取。在针对行店的访谈中，访谈的对象包括行店主、皮毛商贩、外地客商、装卸工、拖拉机运输队等各色人员。除此之外，还对与行店活动有关的当地工商局和国税局相关负责人、女校校长、旅馆和餐馆的老板等人员进行了访谈。访谈量之大，任务之繁重，超过以往。幸运的是，被访谈者的友好与热情保证了调查活动的顺利开展，甚至在笔者返回兰州以后，有的被访者仍以书面形式将有关情况寄送过来。他们的陪伴，使原本艰辛的调查变成了愉快的体验。

三　研究意义

研究意义是所研究的问题能否成立的根本所在。就本书的研究主题而言，其意义有以下几点：

首先，研究张家川地区的回族行店，有助于从历史的发展脉络厘清特定地域中行店的活动特征，并对当下行店活动的趋势予以把握。即使对于回族而言，因为地域的不同，商业活动也呈现出明显的差异。这种区域性的特点从历史上看表现为，西北地区的回族由于与牧地相接，一直就有经营皮毛业的传统，如河湟地区的回族与藏区的贸易。而宁夏、临夏等地既出产皮毛，也经营皮毛，回民就"收集牧区的羊毛、皮革和草原上的珍稀野生动物，贩卖给集镇或城市的大商号。这种营生对于擅长牧业的回民而言，相当熟悉，不存在技术上的障碍，很容易变成行家里手，可以人人参与，参与者人人获利，因而

---

① 根据人类学撰写惯例，本书研究现代行店的下篇部分中出现的行店名称均已做更改。

| 绪 论 |

具有全民色彩"①；东南沿海各省的回族擅长经营珠玉古玩业，建有专门的行业组织"珠玉汇市"，"执沪上该市之牛耳"；云南回族以马帮商队最具特色，不仅在云南，在缅甸、泰国等东南亚地区都有回族商人的骡马队的踪迹；华北、中原地区的回族由于与东南沿海和西北地区相连，其商业特性表现出二者的兼容，即兼具珠玉业和皮毛业，尤其是皮毛业在区域内各地基本上都由回族人经营。② 由此可见，不同的区域呈现出不同的商业模式，如果具体到某一区域内的各个地方，则商业活动又表现出不同的特点及发展趋势，可见区域特征与商业活动的密切。因此，研究张家川地区的回族行店，不仅可以通过历史发展的线索厘清行店活动的"张家川"特征，而且可以此特征为基础，解释行店活动的现状，并在某种程度上把握当地行店未来的发展趋向。

当然，我们所说的地域特征并不仅仅指的是一个地理空间，而是在这个空间内所形成的一个社会系统。因此，更确切地说，行店的"张家川"特征，是指行店活动和张家川地方社会系统之间彼此的范导与刻画。行店在张家川已有百余年历史，与张家川社会的发展息息相关。因此研究行店，地方社会中的诸多因素是不能回避的，政治、经济、文化等诸多因素都会对行店的存在与发展产生影响。而具有悠久历史的行店，作为一种特殊的社会结构要素，已深深地嵌入在地方社会的方方面面，其运行也势必影响着地方社会的发展。从历史发展的维度准确而全面地把握行店与回族地方社会的内在关系，有助于我们厘清在新时代的发展机遇中，行店的兴衰将怎样影响当地社会的走向。因而我们要克服影响其发展的不利因素，并努力营造积极的社会环境，使行店突破传统的经营模式，适应时代发展的需要。在此基础上，进一步促使行店发挥积极作用，促进回族地区经济、文化和社会的全面发展。

---

① 孙振玉主编：《回族社会经济文化研究》，兰州大学出版社2004年版，第78页。
② 孙振玉主编：《回族社会经济文化研究》，兰州大学出版社2004年版，第82页。

其次，通过对张家川回族行店进行研究，有助于更进一步理解扎根于这一回族社区内的行店活动中的民族性。素有经商传统的回族，是一个不断自我反省和开放的民族。他们的大胆、坚持、毅力及勤俭节约的良好品格都体现在了行店活动中。因此，"回族行店"并非仅指的是回族地区的行店，也不仅仅指的是回族人开设的行店，从更精确的意义讲，它指的是具有回族文化特性的行店。这种特性体现在它的贸易活动中，同时也体现在它所涉入的教育、生产生活和社会观念等方面。

最后，我们不得不提到的是，就目前研究张家川这一地区的文献而言，研究晚清至民国时期的学术成果，大多关注于回族的反清斗争及回族聚居区的形成等，很少涉及这一地区经济方面的研究。有关回族行店产生与发展的记载，仅在《张家川文史资料》《张家川史话》等零星的文献中可以获得，资源非常有限。因此，本书对晚清至民国时期的资料搜集除借鉴已有的文献资料外，还主要依赖对行店主后代的访谈获得，虽然他们大多没有亲自经营，但他们的亲见、亲闻仍为笔者提供了翔实可靠的信息。这些知情者目前几乎都已垂垂老矣，随着他们的辞世，这段历史有可能将被隐匿。因此，本书的意义还在于尽力搜集这些回忆资料，希冀勾画中华人民共和国成立前张家川回族行店的发展轨迹，以便为有兴趣的后来者抛砖引玉。鉴于在回族行店的研究方面还未出现具有系统性的成果，本书在一定程度上具有了探索的意义。

第二节　研究现状

就目前学界已有的研究成果而言，与本书所涉及的研究范围相关的成果并不是很多，大致可以区分出两种类型：关于其他地域行店的研究和张家川地方社会的研究。

一　对行店的研究

对于"行店"的研究，尤其是行店与回族地方社会关系的定性研

| 绪 论 |

究，目前在国内还没有系统性成果。在已有的学术文献中，我们唯一能够从相关"歇家"（也就是行店的前身）的研究成果中看到其历史的痕迹，① 而且，大多数主要集中在对它的一般性历史考证方面，即在研究中把它置于单一的历史场域，探讨其在历史上曾经扮演的"贸易中介"角色。② 虽然这些研究成果都没有涉及现代，但无疑，它们将在历史的层面对我们的研究给以帮助。

在研究近现代的回族商业文献中，"行店"一直未能进入学界热烈讨论的视域，关于张家川回族行店的研究更是凤毛麟角，其中包括王密兰的《张家川皮毛产业和社会经济发展研究》和李忱的《张家川皮毛贸易的历史与现状》。这两篇文章均围绕张家川皮毛行店作了较为详细的论述，都着重分析了皮毛业目前存在的问题与不足，以及由此反映出社会经济发展中存在的问题。但美中不足的是仅仅把行店归结为一种经济领域中的现象，忽略了它所承载的其他方面的社会功能。这样，行店的研究不免被单一化。

但无论怎样，所有关于行店或深或浅的思考，都为我们研究张家川回族行店勾勒了一个粗略的模型。

二 对张家川地方社会的研究

关于张家川地方社会的研究，就我们目前所能搜集到的和本书相关的成果有：虎有泽的《张家川回族的社会变迁研究》和黄月云、王柱国主编的《张家川史话》。前一部著作从学术的角度对张家川社会进行了系统研究，将文化、经济、社会生活习俗等全部囊括。后一部著作将张家川的方方面面从历史到今天进行了梳理，为我们了解张家川提供了更为翔实的资料。本书中的一些章节就是依据这些资料顺藤摸瓜而完成的。但有必要指出的是，由于这两本著作关注的是张家

---

① 参见王致中《"歇家"考》，《青海社会科学》1987年第2期。
② 参见马平《近代甘青川康边藏区与内地贸易的回族中间商》，《回族研究》1996年第4期；李刚、卫红丽《明清时期山陕商人与青海歇家关系探微》，《青海民族研究》2004年第2期；马安君《近代青海歇家与洋行关系初探》，《内蒙古社会科学》2007年第3期。

绪　论

川社会的整体发展，对于经济方面虽有涉及，如两者均在文中提到了皮毛交易与行店经营，但却未能进一步地深入讨论。

另外，还有一篇外文文献——《中国穆斯林探寻记》。① 这篇未刊稿是美国人克劳德·皮肯斯在游历中国时所写的一篇游记，其中涉及张家川的部分虽然不多，但是由于其成文于1936年，因此为我们研究民国时期张家川的社会、经济提供了难得的线索。尤其是文中所附带的照片和解读，更是直观地表现了当时张家川市场的繁荣和其所关涉的民风民俗。

不难看出，研究行店和张家川地方社会的成果屈指可数，而将二者有机结合研究的更是寥寥无几。这使得本书在成文的过程中由于资料的缺乏而难度加大，但同时也为本书的写作留下大量发挥的空间。

需要指出的是，就广义而言，研究张家川回族行店必然涉及对于少数民族地区经济与社会发展的思考，目前，这方面的研究成果著述颇丰。我们将择取与本书相关的主要成果进行梳理，大致可以归纳为以下几种：

1. 对西北少数民族地区以地域为划分所进行的个案研究。束锡红、刘天明、刘光宁的《西北回族社区现代化实践的新探索》；土永亮的《西北回族社会发展机制》；刘永佶、杨思远、张丽君主编的《中国民族地区经济社会发展与公共管理调查报告》等。

2. 对少数民族地区经济社会的发展所做的总体思考。费孝通的《费孝通论西部开发与区域经济》《费孝通民族研究文集》；孙振玉主编的《回族社会经济文化研究》等。

3. 对少数民族地区经济发展的现状、问题及对策所作的思考。王玉玲的《少数民族地区基本经济结构问题研究》；李忠斌主编的《民族经济发展新论》；关连吉、赵颂尧、吴小军主编的《西部大开发与甘肃民族区域经济研究》；陈达云、郑长德编著的《中国少数民

---

① In Search of Moslems in China, April 30th to July 2nd, 1936 [unpublished trip diary by Rev. Claude L. Pickens, Jr.]. Rev. Claude L. Pickens, Jr. collection on Muslims in China. Harvard-Yenching Library.

| 绪 论 |

族地区的经济发展：实证分析与对策研究》等。

这些学术成果既有对实证调查的思考，也有在理论层面的探讨，它们都为本书思路的成型提供了启发性的帮助。还有一些成果将在书中以参考文献的方式注出。

第三节　基本说明

一　理论视角

行店活动作为张家川一种富有特色的经济活动，长期以来之所以受到人们的关注，主要归因于它的经济贡献。学者们对它的关注和提及也大多局限于经济领域的探讨，这当然不失为一种研究的角度。然而，相比以往的研究，新兴的经济社会学所提供的理论视角无论从广度还是深度而言，都深化了对经济现象的理解。那么，从经济社会学的角度看，这种经济活动应当被怎样理解呢？或者我们可以将这一问题转化为：解读经济活动的新视角是什么？"依照实体主义的观点，应该从地方性的社会情境和价值观念这一方面展开对经济的调查研究"，这是因为"任何地方的社会参与者都依照他们对经济过程的理解进行运作"[①]。如果说，地方社会参与者的"理解"隐含了地方性知识，那么赫兹菲尔德的"物质生活的地方理论"阐明了任何一种经济活动都带有它自身的特性，而这正是地方社会通过社会化参与者赋予经济活动的。由此我们可以认为，作为人们日常操持的一种经济活动，发生、发展、衰落于回族地方社会中的行店就不是一个独立的因素，它终归是人们社会活动的一种方式，因而不可避免地会留下社会烙印，并与地方社会的运行胶着在一起。因此，完整而深刻地理解这种经济活动就要将其纳入地方社会情境之中予以解读。

[①] ［美］麦克尔·赫兹菲尔德：《什么是人类常识》，刘珩等译，华夏出版社2005年版，第107—111页。

| 绪 论 |

在"物质生活的地方理论"这一视角下,一个更重要的概念应被引入,即新经济社会学的"嵌入(embeddedness)"概念。"嵌入"最早是由波兰尼在其著作《伟大的转变》中提出的,他指出经济嵌入一个更加宏伟的社会之中。后来这一概念被格兰诺维特所发展,成为新经济社会学的奠基石。但是格兰诺维特所指的"嵌入"只是从结构性和关系而言,"行为和制度深深受到社会关系的限制,把它们视为相互独立的东西是极大的错误"[①]。这也就是说,经济生活嵌入社会网络之中。虽然这拓宽了对经济现象研究的视域,加强了对于经济现象研究的深度。但不可否认,这种狭隘性的定义使得他的嵌入概念不够丰富,从而受到了诸多批驳,"有些学者也指出格兰诺维特的分析忽略了许多因素,如文化的、政治的因素,同时也没有考虑与宏观层面的联系等。为了解决这一问题,祖京和迪马吉奥建议研究嵌入不仅要考虑'结构嵌入',还要考虑'政治嵌入''文化嵌入'和'认知嵌入'"[②]。对于嵌入概念的丰富及应用为我们研究行店提供了一个启示,即行店这一经济领域的活动嵌入在社会生活之中,而且是一种多元的嵌入。教育、传统文化、社会关系、历史因素等都将纳入我们的视角进行梳理。可以说,正是这种"嵌入"标明了行店的地方性。

行店嵌入社会生活之中,它的活动过程受社会的诸多因素影响。那么,作为一种经济活动,行店对地方社会的影响又是怎样的?对于研究一个社会中某一子系统与整体之间关系的理论选择,结构功能论是不能回避的。从广泛的意义而言,马林诺夫斯基也注意到了文化功能与其结构之间的关系,他指出:"每一个活生生的文化都是有效力功能的,而且整合成一个整体,就像是个生物有机体。若把整个关系除去,则将无法了解文化的任何一部分。对于在整个文化中任何一项

---

① [美]马克·格兰诺维特:《镶嵌——社会网与经济行动》,罗家德译,社会科学文献出版社2007年版,第1页。
② [瑞典]理查德·斯威德伯格:《经济社会学原理》,周长城等译,中国人民大学出版社2005年版,第27页。

绪 论

文化特质所具备的功能的了解，不在于重建它的起源和传播情形，而在于它的影响和其他特质对它的影响。"[1] 此理论指明，对于任何一个文化特质的理解，必须建基于此文化特质和其他文化特质整体互动的关系背景中。正是它们各自具有的功能维持了一个社会的稳定。有学者认为："'结构'一词大体上是指一组社会单元相对稳定的和形成的关系；'功能'一词则是指任意社会活动的影响，这些社会活动有助于改建或调整一个假定结构或其组成部分。换句话说，'结构'一词是指具有相对持久方式的一个系统，而'功能'一词则是指结构中动态的过程。结构是社会系统中各种各样的部分。在社会这个大容器中，其主要结构通常被认为是社会机制——家庭、政府、经济体系、宗教、教育，而且分析的焦点也往往集中在这些机制的内部关系上。较大结构中的每一个小结构和每一个部分都被认为是对社会运转和保持自身完整具有帮助作用。"[2] 功能主义对社会各个组成部分之间关系的理解，是我们分析行店和社会各因素之间关系的一个重要理论视角。对这一理论视角的引入意味着：我们在分析产生于地方社会中的行店时，必须将其作为一个结构性要素，揭示其他社会组成元素对其功能发挥的影响。与此同时，在研究它的发生、发展、衰落时，要关注到社会的变迁。行店作为影响之源，规范引导着地方社会的发展。因为"在社会生活中，各种制度是联系在一起的，其中一个起了变化，就会对其他的制度发生深刻的、往往是预料不到的影响"[3]。

以上理论正是本书要贯彻的主要视角。通过这些理论框架，我们才能厘清行店与地方社会之间的关系——交融中的互动。也就是说，行店活动不仅本身就是地方社会的产品，而且它还影响着地方社会的发展。因此，我们在研究行店时，总是要把它纳入到当时当地的社会

---

[1] 黄淑娉、龚佩华：《文化人类学理论方法研究》，广东高等教育出版社2004年版，第121页。

[2] ［美］史蒂文·瓦戈：《社会变迁》，王晓黎等译，北京大学出版社2007年版，第51页。

[3] ［英］雷蒙德·弗思：《人文类型》，费孝通译，华夏出版社2002年版，第156页。

| 绪　论 |

语境中进行透视，社会中的政治、经济和文化的因素都形塑着它并同时被它所深深影响。

二　主要概念界定

（一）行店

行店这一名称是张家川本地人的一种称谓，又名货栈。它既不同于旅馆，也不同于一般商铺，而是二者兼有。在功能上，它集食宿、仓储、贸易、代客收购、运输和经纪人为一体。也就是说，凡是经营行店者，都主要是以经纪人的身份从撮合生意中提取佣金收入，同时还代客收购，赚取差价。除此之外，行店经营者的服务内容还包括为客商提供免费食宿，免费存放货物的仓库①，以及负责向外运输货物等。

晚清至民国这一时期，张家川行店经营的种类有皮毛、布匹、药材等，也兼营茶叶。虽然经营种类较多，不过主要都是以经营皮毛、布匹为主，人们依据经营行业的不同也将之分别称为"皮行店""布行店"和"药行店"等，或者直接简称为"皮店""布店"和"药行"等。可见，"行店"的"行"是经营内容的区别。无论经营何物，凡是能称得上行店的商号，均在不同时期有所侧重地体现了中介性、中间性、垄断性等特征。中介性意味着行店是以撮合双方生意而抽取一定比例的佣金来赢利，一般是在买卖成交后，行店向双方各按成交额的2%征收佣金，这是行店的一个主要特征，也是它赢利的一种主要方式；中间性指的是行店作为中间商以赚取货物进、出间的差价来赢利；垄断性指的是行店依恃特权对货物交易的操纵，这是早期行店独有的一个特征。正如马守礼先生指出的："皮毛、布匹交易的场所，为皮毛、布匹行店，税局征税亦依靠行店代为控制。所有上市的皮毛，不论多少，必须拿到行店出售，外地扎庄客商，照例要住到

---

① 行店在张家川也叫货栈，货栈正是仓库的意思。"行店"和"货栈"这两个名称从民国起一直被当地人沿用至今。

| 绪　论 |

行店进行皮毛、布匹买卖。各行店均设有专职的牙纪（交易员）数人，负责评议交易和稽查自由交易的商贩。行店门前都悬有两面方牌，分挂左右。在民国元年以前，是虎头牌，后来随着反动政权的更替，换为'五色国旗'和'青天白日国旗'牌。牌是向反动政府领取的，牌上书写'抽收行佣，禁止偷漏'或'抽收行佣，补助国税'等字，俨然行政衙门。事实上，行店与税局之间互相借助，对不进入行店交易的商贩，有权打罚，等同行政衙门。"① 这段话是对行店运营模式的一个描写，形象地道出了当时行店的垄断性特征。

上述这些特征对于某一行店在某一时间段也许并不全部具备。不过，中介性自始至终是这一时期行店的主要特征，中间性则是附属性特征，有的行店并不具备，而垄断性则随着时间的推移慢慢淡化，乃至后来完全消失。

20世纪80年代以来，随着当地皮毛集散市场的重新崛起，行店这一概念在张家川人的话语中进一步被狭隘化，成为经营皮毛场所的代名词。这样，行店这个概念在内涵上不再如原初那样广泛，而是特指皮毛行店。它是一种具有现代市场中介组织性质的特种行业，一般按成交额的1%向买卖双方提取佣金②。同时，行店也充当中间商的角色，凭借自身的资本进行大量的收购与批发销售。需要指出的是，行店除具备自身的一般功能外，特殊情况下还具有借贷功能，即给皮毛商贩和客商垫资。在经历了百余年的发展后，行店的经营范围虽然缩小为仅限于皮毛，但其特性依然保持了中介性与中间性，而且仍然是以中介性为主，中间性为辅。作为大宗货物交易的场所，行店一般不面向零售市场。

（二）张家川

对于张家川这一概念的界定，本书指的是张家川回族自治县目前所辖行政区域。对于研究现代行店而言，这毋庸置疑，但对于研

---

① 马守礼：《张家川皮毛、布匹集散市场的形成史》，载《张家川文史资料选辑》（第3辑），第55—56页。
② 在皮毛市场萎缩、行店经营不善时，行店主只向买方按成交额1%的比例抽佣。

究晚清至民国时期的行店而言，这一概念必须得到清晰地界定。

张家川回族自治县的形成经历过一个历史的变革。在1953年7月6日成立张家川回族自治县以前，现有张家川的所辖区域隶属于四个县管辖。清水县管辖张家川、木河、宣化、恭门4区26乡，秦安县管辖龙山区7个乡，陇县管辖马鹿区3个乡，庄浪县管辖张棉驿1个乡。基于历史上这样一个分辖的局面，有必要作出解释的是，本书在探讨晚清至民国时期的张家川回族行店时，为了与现当代的行店研究彼此呼应，对于张家川这一地区的界定不是清水县所辖的张家川，而是以现行的张家川行政区域为划分，即将四县所辖归并于一。因为就当时现实的经济发展而言，秦安县所辖的龙山区和清水县所辖的张川区是连为一体的，都是发展行店的重点地区，只不过以张川区为主。当地学者马守礼在20世纪60年代对这一时期经济的梳理也是同时包括了前面所提及的两个地区。并且，在1983年以后，当行店业重新开张之时，这两个地区又同时产生了行店市场，只不过以龙山镇为主。也即，张川和龙山在行店发展的历史上一直是连为一体的。

因此，为了保持前后义的一致性，当然更是为了遵从当时历史发展的事实，基于研究行店的这一主题，我们对张家川的定位保持一种"当下性"原则。即本书中的"张家川"，无论是出现在第一个时段，还是第二个时段，都不因历史原因出现不同的定位，而是皆以目前的行政区域划分为准。

（三）地方社会

要理解地方社会，首先要理解社会的概念。滕尼斯在《共同体与社会》一书中对"社会"是这样界定的："任何这种关系都是多数中的统一，或者统一中的多数。它是由促进、方便和成效组成的，它们相互间有来有往，被视为意志及其力量的表现。通过这种积极的关系而形成族群，只要被理解为同一地对内和对外发挥作用的人或物，它就叫做是一种结合。关系本身即结合，或者被理解为现实的和有机的生命——这就是共同体的本质，或者被理解为思想的和机械的形

| 绪 论 |

态——这就是社会的概念。"① 可见,社会这一概念就是共同体的代名词,它是一种肯定的关系,结合的关系,共同体本身表明了它所涵盖的人群有着统一性,这正是社会的内涵。而这种统一性由于体现在不同的地域中,因而使得统一性具有了地方性的特色。

本书中出现的"地方社会"这一概念,正是建基于滕尼斯对"社会"界定的基础之上。它虽然字面上指的是张家川这一地理区域,但是就人类学的表达意义而言,这一概念表述的是地方性经济—文化模式的统一性。"人类学的贡献就在于关注这样一个事实,即所有模式都嵌入社会和文化之中。"② 因而,地方社会不仅仅是一个地理区域,更重要的是它代表了地方社会所隐含的地方性文化和价值体系。而成长于这个社会中的人们,其社会化的过程同样也是地方性文化和价值的认同过程,因而他们对经济有自身独特的理解,由他们所创造的经济活动必然会带有这一区域社会独特的烙印。可以说,任何经济活动都有其地方性特色。"社会参与者不但创造出模式而且遵照这一模式行事,他们的行为都在自己所理解的经济体系的文化框架内进行。"③ 因此,解读一个地方的经济活动,对于这项活动嵌入其中的地方社会的理解就是不能逾越的。也就是说,经济活动不能被抽象地理解,它必须被置于地方社会这一背景之中。

三 全书的结构框架

本书以时间为界限,共分上下两篇,上篇为晚清至民国时期,下篇为1983年至今。作出这种选择的原因是:我们以所聚焦的主题——行店的历史发展顺序作为研究的基础。第一阶段,晚清至民国时期。行店经历了产生、兴起、鼎盛的过程。之后由于历史原因,皮

---

① [德]斐迪南·滕尼斯:《共同体与社会》,林荣远译,商务印书馆1999年版,第52页。
② [美]麦克尔·赫兹菲尔德:《什么是人类常识》,刘珩等译,华夏出版社2005年版,第108页。
③ [美]麦克尔·赫兹菲尔德:《什么是人类常识》,刘珩等译,华夏出版社2005年版,第112页。

毛市场与行店经营一度退出历史舞台。第二阶段，自 1983 年至今。随着改革开放的热潮涌起，龙山镇出现了第一家私人联营的行店，之后皮毛市场和行店经历了由盛转衰的总趋势。因此，基于时间点的选取，本书分为两部分，上篇（第一章至第四章）主要梳理了晚清至民国时期行店的发生、发展及其与地方社会之间的关系；下篇（第五章至第八章）主要梳理了现代行店的发展及其与地方社会之间的互嵌，并对行店由盛转衰的现状作出反思与探讨。本书共分八章，现将结构框架具体详述如下：

绪论部分主要交代了选题背景、意义、研究过程、研究现状、理论架构及其方法等。

上篇（第一章至第四章）：晚清至民国时期的张家川回族行店

第一章介绍了行店市场的历史形成。着重探讨了行店产生的历史原因，行店经营中所涉及的方方面面，如行规、经营多面性、成员构成等，以及地方士绅在行店业中的率先作为。

第二章介绍了行店对地方经济、社会的影响。主要是通过包税制度的行业交易垄断、钱帖的发行和洋行的介入等方面展开对行店的论述。这一章揭示了行店之所以能对地方经济造成极大的影响，主要源于地方社会中各种机制的互相运作。

第三章介绍了行店的资金流向。通过梳理行店主之间的融资方式、以鸦片为主的西路贸易、丰富多样的东路贸易及其对当地的影响等，展示了行店资金流向的路径。这一章虽然主要是以资金流向为研究主题，但在资金流向的表象背后，更多凸显的是地方社会的诸多因素与商业的互相渗入。

第四章论述了行店介入非商领域及其没落。通过对行店主经商背后的生活和行店对教育的单向渗透等内容的分析，表明了行店活动并不囿于经济领域，它同时活跃于行店主的家庭生活和教育等非经济领域中。同时，该章的最后部分对行店在 1953 年的走向作了初步的梳理。

下篇（第五章至第八章）：张家川回族行店的现代接续

第五章论述了现代行店由盛而衰的走向。新时期的行店经历了发

| 绪　论 |

生、发展、兴盛乃至衰落的历程，本章旨在通过探讨涉入行店市场的诸多因素的变迁，来揭示出行店这一由盛而衰的走向。

第六章论述了行店市场地位发生变迁的影响因素。本章主要从外缘性因素的影响和内部环境的不足来加以探讨。前者表现为行店经营受到外来因素的冲击从而导致经营模式的转变；后者表现为地方社会在促进行店发展方面，表现出了软、硬环境的不足。处于腹背受困的行店必然出现衰落的趋势。

第七章论述了行店与地方社会之间的关系。本章主要是从行店与教育的关系、行店活动所塑造的社会观念和次生行业的变迁这几个方面着手探讨现代行店与地方社会之间的关系。

第八章是对全书的总结。本章首先对以行店为代表的"龙山模式"作出终结性的探讨，继而对市场的重生提出几点建议。因为只有行店破茧重生，才能对地方社会再次发挥积极的功能。当然，行店的重生同样离不开地方社会的积极振兴。

四　难点与重点

（一）难点

1. 收集资料的难度很大。调查过程中适逢张家川县政府搬迁，导致很多资料还未得到整理；晚清至民国时期的资料因人事变迁很难搜集，很多资料都被烧毁和遗弃了。

2. 以往学者对这一方面的研究很少，只能从相关的成果中做间接参考。

3. 本书的写作经历了从晚清至民国到现代的跨度，不仅要顾及历史的纵向发展，而且要兼顾横向的比较研究，使得逻辑顺序和时间顺序的平衡点难以把握。

（二）重点

研究的重点主要集中于行店自身的发展历程及其与地方社会诸因素之间的关系。行店在晚清至民国以及现代两个时段的发生、发展及衰退的过程无疑是本书关注的焦点与重点，正是围绕着这一主线的梳理与探讨，从而牵引出它与地方社会诸因素之间千丝万缕的联系。二者之间的互动与交融不仅让我们看到了不同历史阶段行店发展的线索，而且也从这一线索中发现了地方社会运行的轨迹。

第四节　研究方法

本书的研究路径是从新经济社会学的"嵌入"视角透视行店在地方社会中的生成、发展与衰落，即从社会因素的角度对行店展开分析。另外，运用结构功能主义的理论，把"行店"定性为一种特殊的社会结构要素，以行店为视点对当地社会进行透视。为此，在书中主要采用人类学的田野调查方法进行研究，其间还将结合文献法和观察法。

一　文献法

文献法是"利用现存的第二手资料，侧重从历史资料中发掘事实和证据。在社会研究中，文献法是必不可少的，这不仅指在初步探索阶段需查阅文献，为大规模的社会调查做准备，而且指在无法直接调查的情况下利用文献资料开展独立研究"[1]；"根据文献具体来源的不同，我们可以把文献资料分为个人文献、官方文献及大众传播媒介三大类"[2]。

方法的具体使用：

1. 查阅大量有关张家川的县志、文史资料等。由于民国时期张家川归属于清水县管辖，龙山镇属于秦安县管辖，因此查询的县志和文史资料也都涉及清水县和秦安县。

2. 先后在张家川县政协、国税局、工商局及档案馆查阅了涉及行店的数据、文献资料和一些私人手稿，这些资料既包括以往的历史

---

[1] 袁方、王汉生：《社会研究方法教程》，北京大学出版社1997年版，第143页。
[2] 袁方、王汉生：《社会研究方法教程》，北京大学出版社1997年版，第392页。

|绪　论|

记载，如《张家川工商行政管理志》《马守礼遗稿》（未刊稿），也包括各部门的月统计报表、年度统计报告及相关文件等。并同时在清水县和秦安县的档案馆查阅了晚清至民国时的相关资料，这些资料包括地方志、工商志等。

3. 联络晚清至民国时期的行店主在张家川的晚辈，搜集到一些已故行店主的后代写的回忆录和他们的祖、父辈开办行店时用过的执照、账簿及生活照等。

4. 查阅相关的报刊资料，如《甘肃日报》和《天水日报》等，整理行店在媒体报道中的相关信息。

文献法的应用，既为我们田野调查的前期做了基础，也为我们获得晚清至民国时期的行店情况提供了可资借鉴的材料。

二　访谈法

在本书中，我们主要运用深度访谈的方法。深度访谈"可以说是一种半结构式访问，它选取研究问题的某些方面向调查对象提问题，访问是机动的或结构松散的，但重点与焦点是有的"[①]。在进行深度访谈前，事先已经拟定了访谈的主题和范围，和被访者基本上是围绕着这些主题进行比较自由的交谈。通过这种自由交谈，有时会为调查带来意想不到的收获。也就是说，无论是访谈的广度还是深度，其结果都超出了原先估计的范围，引发笔者更多的思考。但不可否认的是，这种深度访谈耗时较长，访谈的任务加重。

方法的具体使用：

1. 访谈当地的多位年长者，了解他们亲见或亲闻的行店在晚清至民国时期的概况。这些年长者中大多是行店主的后代或亲戚，也有的是当地的文化名人。其中年龄最大的有91岁，最小的也有73岁。对他们进行访谈时，围绕的主题是：晚清至民国时期不同类型行店的经营方式、参与人员、行店主对地方社会的影响、行店主的婚姻状况

---

① 袁方、王汉生：《社会研究方法教程》，北京大学出版社1997年版，第274页。

及日常生活等。由于一些老人在外地居住,因此除了进行面对面访谈之外,还采取了电话访谈的方式。

2. 走访了自 1983 年始开办过行店的相关店主,包括已经歇业的和目前正在经营的。对于前者,我们主要围绕行店业鼎盛时期的运营方式、扩大经营成败的情况、滑坡后的转产、地方社会对于行店业的支持力度、行店主对地方教育的贡献等主题进行访谈;对于后者,我们着重了解经营行店以来的总体发展情况、目前遭遇金融危机的困境及其对未来的展望、行店目前的运营方式及其形成原因、行店主对地方社会所作的贡献等。

3. 对介入行店活动的相关人员进行访谈,如皮毛商贩、外地客商、工商皮毛管理所的工作人员及税务部门的人员等。他们都在行店经营过程中扮演了相当重要的角色,从不同角度对行店的发展提出了自己的见解。

三 观察法

观察法作为以上两种方法的补充手段,其目的是为了检验访谈的结果。以观察者的角度来划分,观察法可分为局外观察和参与观察两类。"参与观察则是指观察者亲自投身到所观察的社会现象和社会生活中去,在自身成为社会生活中各种活动的一员的同时所进行的观察。"[1]笔者由于是外地人,不熟悉当地语言,尤其是作为一名女性,相对于研究的问题来说,进一步增加了参与观察的难度。

因此,我们主要采用局外观察法。"所谓局外观察,就是观察者置身于所观察的现象之外,'冷眼旁观'研究对象的活动和表现。"[2]在进行局外观察时,我们兼采用了非结构式观察法,它指的是"研究人员事先并不专注于某些特定的行为和特征,在观察过程中也不只是期待这种行为的出现。他们只是当行为发生时进行全面的观察并记录

---

[1] 袁方、王汉生:《社会研究方法教程》,北京大学出版社 1997 年版,第 335 页。
[2] 袁方、王汉生:《社会研究方法教程》,北京大学出版社 1997 年版,第 335 页。

| 绪　论 |

下来"①。可见，非结构式观察法可以随时随地地应用。对于本书研究的问题而言，这一方法的好处是，可以弥补半结构性访谈的不足。因为观察到的表象很多时候是笔者未曾预料的，这部分内容在初次访谈时并没有列为访谈提纲，而是后面补充进去的。因此，这种非结构式观察法对于全方位地思考问题很有助益。它和半结构性访谈相得益彰，互为弥补，不仅拓宽了探讨范围，而且还深化了思考。

---

① 袁方、王汉生：《社会研究方法教程》，北京大学出版社1997年版，第336页。

上 篇

晚清至民国时期的张家川回族行店

第一章

行店的历史形成

在张家川提起行店，几乎无人不晓。翻阅当地的地方志、文史资料以及其他介绍地方事务的资料，都可以发现对张家川行店的零星记载。虽然大部分内容重复率相当高，甚至有些内容的记载彼此出入很大，但这无不表明行店在张家川的重要地位。在对它进行梳理的过程中发现，行店的重要性不仅仅源于经济，同时也源于文化和历史。

第一节　行店产生的历史原因

行店是张家川人对货栈的一种特称，而货栈的英文翻译是"Ware House"，指的是存放商品的房间或仓库。行店的内涵与此相似但又有不同，其所谓"行"，指的是经营商业的类别，其所谓"店"，指的是留宿客商和存储货物的房屋。虽然行店在张家川的方式曾经有过多种，如皮毛行店、布匹行店、脚行、骆驼行等，但这些类型的行店几乎都依附于皮毛行店而生。因而我们以出现最早、影响最深、跨越时间最长的皮毛行店为例，探讨行店在张家川产生的历史原因。

皮毛行店在张家川人的眼中，俨然是一个生活用语，其被熟知的程度不言而喻。但有关其产生的具体年代，却莫衷一是，甚至在有关文献的记载中，也是众说纷纭。"清末和民国年间，一些外国皮毛商通过中国'买办'或亲临张家川购销皮毛。在其影响下，皮毛市场拓宽，皮毛行栈应运而生，为张家川皮毛集散地的形成奠定了基础"，

上篇　晚清至民国时期的张家川回族行店

而其具体的时间则是"民国10年（1921）始有皮店，至25年（1936），先后起号开张的著名皮店有：张川镇的万盛生、德盛店……"①；但是在不同的史料中又记载，"张家川皮毛行店起源于清德宗光绪年间（1875—1908）。当时随着皮毛交易的进一步繁荣和皮毛市场声誉的远播，当地一些富商大贾和有一定资本的皮毛商看准了市场的潜力，率先开设皮毛行店，最早的有李得仓开设的德盛行店……"②。从前者所断定的民国10年，到后者的清德宗光绪年间，这之间最远相差了四十六年，最少也相差了十三年。那么，张家川的皮毛行店到底出现于哪一年呢？从材料中不难发现，二者均提到了最早的李得仓的德盛行店，我们可以此为线索寻找答案。《李得仓传》上记载着，"1888年，61岁，光绪十四年，李得仓在张川镇开设皮行并兴办家学"③。由于这本传记的作者是张家川本地人，传记本身的完成又是建立在搜集各方面资料并对李得仓的诸多后裔进行访谈的基础上，因而其真实性较为可靠。传记中所记载的时间完全可以推翻县志中的定论，并与《张家川史话》中所圈定的时间范围相符。并且，在《张家川文史资料》上记载着："自清同治末年到光绪初年，才有皮毛市场。光绪十四年（即公元1888年）皮毛市场日渐活跃，就地经营少量皮张。……到民国初年，皮店兴起。"④从这段话也可以推测，皮店的产生绝不是在民国10年（1921），而应当是皮毛市场出现之后，大规模的皮店兴起之前的一段时间。那么，至少在民国初年以前，皮店就应当产生了，这与《李得仓传》和《张家川史话》所圈定的时间范围是相符的。由此我们可以初步断定，张家川的行店最早始于1888年，而且最初是以皮毛行店的方式出现的。即，张家川的皮毛行店在晚清时已经出现，距今已有百余年的历史。那么，皮毛行

---

① 张家川回族自治县地方志编纂委员会编：《张家川回族自治县志》，甘肃人民出版社1999年版，第524页。
② 黄月云、王柱国主编：《张家川史话》，甘肃文化出版社2005年版，第242页。
③ 苏德成、马国强：《李得仓传》，甘肃文化出版社1997年版，第126页。
④ 麻钧、马辅臣口述，王文业整理：《张家川皮毛业发展简史》，载《张家川文史资料》（第一辑），第21页。

店在最初是如何产生的呢?

张家川回族皮毛行店的产生与皮毛市场的形成息息相关。因此,考察皮毛行店的形成史必须先从考察皮毛市场的发端入手。张家川素有"陇上皮毛集散地"的美称,曾被冠之以西北之首,全国第二,被人们誉为"皮毛之乡"。但在历史上,张家川却历来很少出产皮毛,因此让人不免疑问的是,为什么可以在一个并非货源产地的地方形成一个大的集散中心呢?对于这个问题的回答,应当从广阔的社会背景中去发现线索。

首先,受回族反清起义的影响。19世纪70年代至80年代,西北地区全面爆发了一场反对封建压迫的回民大起义。这次起义最后以失败告终,由之带来了一系列的影响,其中涉及皮毛市场的形成,它的影响主要表现在以下几个方面:

第一,使回民处于不利的生存环境。回民起义失败后,面临的首要问题就是如何被安置。"作为清政府镇压这次回民起义的全权代理人,左宗棠为了图清廷'百十年之安',精心制定了大规模迁徙西北回民的原则与具体方略——'近城驿非所宜,近汉庄非所宜,并聚一处非所宜',只可'觅水草不乏,川原荒绝无主,各地自成片段者,以便安置'。迁徙安置的目的'以抚局论,分起安置,涣其群,孤其势,计之得也'。按照这一原则,左宗棠……将马家滩的回民迁到甘肃张家川地区,……李得仓部回民被迁徙到张家川地区"[①]。从这段史料中不难发现,左宗棠安置回民的原则固然有其出于政治目的的考虑,即为清廷图"百十年之安"。但不可避免的是,这种将回民安置于"川原荒绝无主"之地的策略事实上造成了对回民不利的营生局面。

张家川山大沟深,山地多,川地少,因此人均占有的耕地面积就很少,已有的土地很难养活地方民众。地理条件的艰险,使得当地百

---

① 罗正钧:《左宗棠年谱》,转引自王永亮《西北回族社会发展机制》,宁夏人民出版社1999年版,第47页。

上篇　晚清至民国时期的张家川回族行店

姓单纯依靠农业很难解决温饱问题。为了弥补农业的不足，更是为了从根本上拓展生存空间，出外经商就成为当时的首选。可以说，皮毛业在张家川的出现与其说是当地人的自主选择，不如归结为环境所迫，正是恶劣的生存环境造就了张家川在皮毛贸易中雄霸一方的优势。其实不仅仅是张家川，中国很多商帮的形成都是遵循着这种逻辑，即土地匮乏——生存受限——出外经商。唐力行先生在提到徽商、晋商、陕商、江右商、龙游商、宁波商、洞庭商、临清商、闽商、粤商等"十大商帮"时，认为"商帮的兴起与地理环境的关系至为密切。十大商帮所在的地区大多土地贫瘠、地少人多。……区域性的不利地理环境与该地农民弃本逐末以及商帮的兴起是直接相关的"[①]。然而，对于张家川的回民来讲，"出外"经商并不是对乡土的离弃，不是转移，而是以乡土为核心的拓展，其最终的眼光终将投向核心地。

　　第二，回族聚居区的形成。西北回民反清斗争受挫后，依照左宗棠的安置策略，先后有大批回族群众被安置在张家川，由此形成回族聚居区。"被安置在张家川的降清回民军共有三部分：一是李得仓部。李得仓在宁夏固原肖河城降清后，其所部'南八营'官兵及群众，共有9万余人，被安置在张家川的有31000余人，后散布全县。二是崔伟部。清廷将在西宁之役失败后被迫投降的崔伟部陕西凤翔籍回民军和眷属共1万余人，安插在恭门镇、张川镇、龙山镇一带。三是毕大才部。毕大才西宁兵败投降后，被安置在张家川地区的官兵及眷属共有3280人，他们集中在今连五乡境内。"[②] 回族聚居区的形成，使得这些在战乱中幸存的民众得以休养生息，生活环境的稳定为他们发展传统行业创造了社会条件。在这些被安置的回族群众中，有很多是鉴别皮毛质量的行家里手，他们还擅长泡皮、缝制等技术，依据传统经验，率先做起了皮毛生意。即使是小本经营，皮毛生意所带来的利

[①] 唐力行：《商人与中国近世社会》，商务印书馆2006年版，第44—46页。
[②] 参见黄月云、王柱国主编《张家川史话》，甘肃文化出版社2005年版，第14—15页。

润仍是从事农业所不能比拟的。因此,经营皮毛业的人逐年增多,并吸引了外地客商前来扎庄收购,购销场面不断扩大,皮毛集散市场也就逐渐形成了规模。并且,回族历来有经商的传统,回族聚居区的形成,便利了回民之间贸易活动的发生和贸易信息的交流,这为皮毛市场的进一步发展提供了条件。

第三,促进了交通的便利。就地理位置而言,张家川地处陕西和甘肃的交通要地,境内有关陇大道。"在西兰公路、天宝铁路未通之前,是凤翔、西安、宝鸡、汉中、四川、临夏、兰州、平凉、天水、宁夏、西宁、海原、固原各路客商往返必经的要地。"① 早在清同治年间的陕甘回民起义以前,就是陕甘两省的商旅重镇。"在事变中由于陕西回民往返流窜和清廷调集大军前来镇压,又使通往陕西各路交通更为畅通。"② 从张家川向东行,陕西是必经之路,这条东行之路能够保证货物向东运出及由东向西输进的便捷,东路贸易全依赖于此路。连通陕西和甘肃的张家川,凭借着先天的赋予与后天的形塑,在日后形成皮毛集散中心的地域中逐渐崭露头角并雄霸一方。

正是借助于回民起义的背景,张家川的皮毛业逐渐走向了前台,开始了它在当地百余年的发展历程。而随着皮毛市场的形成,皮毛行店也开始产生,并在其中扮演了重要角色。

其次,洋行的进驻。在经历了两次鸦片战争后,英、俄、日、德等国在中国攫取了诸多经济特权。这些国家的商人利用特权在西北地区开设商行,进行皮毛、药材等土特产的贸易。早在1880年,英国的"仁记"洋行就已率先进驻张家川。③ 之后,随着第一次世界大战的爆发,洋行在张家川的发展达到鼎盛时期,最多的时候有6个国家

---

① 张志荣:《怀恋张家川》(http://mail.tscable.com/news/show.aspx?id=255&cid=52&page=3)。

② 马守礼:《张家川皮毛、布匹集散市场的形成史》,载《张家川文史资料选辑》(第三辑),第53页。

③ 参见[美]詹姆斯·艾·米尔沃德《1880—1909年回族商人与中国边境地区的羊毛贸易》,李占魁译,《甘肃民族研究》1989年第4期。

上篇　晚清至民国时期的张家川回族行店

的十大洋行纷纷在张家川入驻。①虽然洋行在张家川的经济活动以各自所代表国的利益为优先，但不可否认，它的进驻在一定程度上刺激了当地皮毛业的发展。由于洋行往往对皮毛的需求量大，而且他们所雇佣的买办几乎都是天津、上海等外地人，不谙当地情况，因此洋行非常需要地方商人的合作，以期后者既要能甄别皮毛质量，又要能维持有序运营，而行店的出现正是适应了洋行和地方经济形势发展的需求。可以说，洋行在介入地方经济的同时，客观上刺激了当地皮毛产业的进一步发展，与此同时催生了行店的出现。

　　再次，皮毛商贩的兴起。在市场需求不断扩大的情况下，随之而起的是另外一股力量——皮毛商贩。他们大多是张家川本地人，属于被安置后的回民。这些回民绝大多数贫苦不堪，他们虽有识别皮毛的技能，但却没有经营的资本，因此做大生意的很少。几乎都是零零散散地从周边地区——海原、固原、西吉、隆德、会宁、靖远、通渭、定西、洮州、岷州、河州以及宁夏、青海等地，收购一些皮毛，肩挑贩运回到本地。他们由于缺乏资金，根本无力将皮毛向外运输、销售，只能随行就市在当地进行贩卖。②客商对于货物的不断需求刺激了商贩队伍的扩充，皮毛货源的供应又吸引了大量客商的涌入，如此良性循环，促成了皮毛市场的兴起。对于皮毛业的发展历史关注颇多的马守礼先生，在其遗稿中指出："皮毛商贩百分之九十五以上，全靠借债图谋蝇头小利，本小利微，活动范围只能局限于穷乡僻壤，无力把自己所收购的皮毛直接运往较大较远的城市出售，这就给境内外资本家造成剥削肩挑贩运、图取暴利的机会。从而吸引各地投机商人和外国洋行不断增加，各地皮毛小商贩亦随之集中贩运，这也是促使市场不断扩大的一个重要原因。"③皮毛商贩的无力外销和分散经营，

---

　　① 参见马守礼《帝国主义洋行在张家川的经济侵略》，载《甘肃文史资料选辑》（第八辑），甘肃人民出版社1980年版，第178页。
　　② 参见马守礼《张家川皮毛、布匹集散市场的形成史》，载《张家川文史资料》（第三辑），第54页。
　　③ 马守礼：《张家川皮毛、布匹集散市场的形成史》，载《张家川文史资料》（第三辑），第54页。

根本不能适应不断增加的外地商人和洋行的需求，他们之间交易的空缺必须有一个本地的中介者代劳。因此，地方大户中有资本者率先开设了皮毛行店。可以说，皮毛行店正是瞅准了皮毛商贩和洋行所提供的市场契机而产生的。

值得一提的是，与皮毛行店同时出现的还有布匹行店。究其原因，主要在于：皮毛产区几乎都位于偏僻落后的地方，生活日用品的匮乏使得牧民对于布匹杂货尤为偏爱，"这些地区的穷乡僻壤居民居住零散，距离集市遥远，他们需用的布匹杂货，经常依靠所生产的皮毛兑换。凡去各该地区收购皮毛的小商贩，拿上布匹杂货兑换皮毛，比拿上现钱收购容易。因此皮毛商贩又以携带布匹杂货为其进行皮毛交易必不可少的物资，他们把由各处收购的皮毛拿到张家川市场出售后，又必须购买布匹杂货再去换买皮毛。而东南各地投机商人和本地资本家也同时适应这种贸易特点，向内大量运销布匹，购买皮毛。这样互相勾销的结果，市场亦随之日趋扩大"[①]。由于牧区一般都距集市较远，牧民很少去集市进行交易，因而对货币的需求不大。对他们而言，货物比货币更为直接方便。况且，即使他们在集市把皮毛换成货币，再将货币换成布匹，这其中也要经过两道交易，两层中间商都要赢利。那么，对于牧民而言，选择物物交换，而不是选择货币交换，就不仅仅是方便的需要，也有经济上的划算。相对于皮毛商贩而言，用布匹来交易皮毛，不仅可以使交易进展顺利，而且可以在交易中获得比用货币交易更大的利润，即用较小价值的布匹换取较大价值的皮毛。牧民和商贩的共赢促使了张家川对于布匹的大量需求，从而导致布匹源源不断地向张家川输入。因此以布匹换取皮毛的交易方式，是促生布匹行店的主要原因。一言以概之，正是皮毛商贩的兴起，从另外一方面推动了皮毛行店和布匹行店的产生。在当时的张家川，虽然皮毛和布匹均属于大宗交易，但是，布匹行店的产生却是依

[①] 马守礼：《张家川皮毛、布匹集散市场的形成史》，载《张家川文史资料》（第三辑），第54页。

附于皮毛行店而形成的。

综上所述，行店在张家川的出现并非偶然，而是受到多重因缘的影响。行店的产生不仅适应了日益兴盛的皮毛市场的需要，而且进一步促成了皮毛市场的繁荣。

第二节　行店经营面面观

在展开对行店的大规模探讨之前，我们首先对行店的内部经营做一透视。

首先，经营中的行规。自古以来的三百六十行，每一行都有各自的行规，它既是对行外者的一种明示，也是对行内者的一种规定。行规最基本的内涵正是建基于对行内者规定的理解，是同业内部和同业之间形成的契约。"明工巧匠，不以规矩不能成方圆，坐贾行商，不立条章不能厘奸宄。以故百行贸易，莫不各有行规，以昭划一而稽查。"[①] 由此可见，行规最主要的功能是针对业内人员而言的，是同行业的商人之间为了公平贸易、利益均沾而订立的条款，需要同行业的全体人员共同维护。作为内部产生的自我管理约束的制度，其标准划一，不能私自更改，否则将受到同行的舆论压力及实质性的惩罚，即"以昭划一而稽查"。这样做的好处是，用法哲学家 E.博登海默的话来说，"遵循规则化的行为方式，为社会生活提供了很高程度的有序性和稳定性"[②]。

行店作为一种特种行业，经营中也存在诸多行规。这主要表现在以下几方面：

第一，货物必须进店交易："皮毛、布匹交易的场所，为皮毛、布匹行店，税局征税亦依靠行店代为控制。所有上市的皮毛，不论多

[①] 彭泽益：《山货店条规（光绪二十九年立）》，载《中国工商行会史料集》，中华书局1995年版，第241页。

[②] ［美］E.博登海默：《法理学法哲学与法律方法》，邓正来译，中国政法大学出版社1999年版，第48页。

少,必须拿到行店出售,外地扎庄客商,照例要住到行店进行皮毛、布匹买卖。各行店均设有专职的牙纪(交易员)数人,负责评议交易和稽查自由交易的商贩。"① 从这段史料中,我们可以看出,行店对于市场交易的垄断。在张家川交易的所有皮毛,必须通过行店出售才可以称之为合法交易,否则将被视作黑市交易进行打击。而对于皮毛、布匹必须进店的这一市场秩序,则是依赖于全体行店的共同维护,也就是派出交易人员进行市场稽查,一旦发现自由交易的商贩,牙纪则有惩罚的权利。

第二,行店提供相应的服务:货物进店之后,行店要为客商提供诸多服务,"民国时,皮毛行店大多设在皮毛市场周围的公路两旁,均为一店一院,院内除有晾晒、堆放皮毛的较大场地外,还有供客商使用的住房、客厅、仓库等"②。从当时皮毛行店的院落布局可以显示,行店需为客商提供货物堆放的场地和仓库,并为客商提供住宿。所有这一切皆免费提供,且仅为来张家川进行皮毛购销贸易的人员提供,不接待其他人员,这和一般的旅馆不同。它所提供的住宿仅为商业贸易提供便利,而不作为住宿的专门之需。场院内堆放的客商货物,既有待售的,也有收购来的,在这些货物还没有出售或者没有打包运走之前,由行店负责妥善保管。除此之外,行店还要有附加服务,要承担对客商的货物代为买卖、代办运输、报关纳税等一系列业务。也就是说,客商一旦进店,所有的事情就交给行店全权负责了,行店会在这一系列的服务中获得自己丰厚的酬劳。

第三,抽收行佣:抽收行佣既是行店的行规之一,也是行店区别于其他商业最明显的特征。行店作为联接购销双方的中介,在买卖成交之前做了诸多工作,按照行规,在促成买卖成交之后,行店可以征收成交额4%的行佣金,由买卖者各负担一半,即各付成交额的2%。

其次,经营的多面性。"皮毛、布匹交易的场所,为皮毛、布匹

---

① 马守礼:《张家川皮毛、布匹集散市场的形成史》,载《张家川文史资料选辑》(第三辑),第55—56页。
② 黄月云、王柱国主编:《张家川史话》,甘肃文化出版社2005年版,第244页。

上篇　晚清至民国时期的张家川回族行店

行店",这一句并非赘述。作为一个在民国时期毕业于北平华北大学政治经济系的大学生而言,马守礼先生对于专业概念的界定应当是清晰的。那么,这一句话道出了什么呢？

　　行店不仅仅是指皮毛、布匹行店,只有进行皮毛、布匹交易的场所才称为皮毛、布匹行店。也即作为一个交易场所,行店应视其交易内容的不同而定名,如果以交易皮毛为主,则称为皮店;以交易布匹为主,则称为布店。这就表明,行店也可以负责交易其他货物。而且随着行店业务的不断扩大,各个行店不再专守其一,而是进行种类繁多的经营,如皮店既经营皮毛,又经营布匹,有时还兼营其他百货。甚至有的还延伸到运输业,故有脚行、骆驼行的产生。行店经营的货物越来越丰富,经营面越来越广,张家川本地人遂将这些种类繁多的店依据其主营货物而为其命名。不同类型的行店在张家川都曾出现过,随着时代的发展,其他类型的行店都相继衰落,化作历史的尘埃,只有皮毛行店仍是今日张家川的一道独特风景。①

　　无论经营的内容有何不同,能被称为行店的,在不同时期均不同程度地具有"行店"的属性,即中介性、中间性和垄断性。中介性意味着行店以抽取佣金来赢利;中间性指的是行店作为中间商以赚取货物进、出之间的差价来赢利;垄断性指的是行店依恃特权对皮毛、布匹交易的操纵,这是晚清至民国时期行店一度出现的一个特征。"各行店均设有专职的牙纪（交易员）数人,负责评议交易和稽查自由交易的商贩。"②这里的牙纪相当于我们今日农村集贸市场上所见到的牙子或是城市里进行中介交易的人员,只不过其所拥有的权力和管辖的范围都是今日的中介人所不具备的。中介性、中间性、垄断性

---

① 本书的下篇部分对现代行店的讨论仅仅指的是皮毛行店,并且鉴于对全文前后的关照,本书关于行店在晚清至民国时期的探讨也就仅仅局限在围绕着皮毛行店及与皮毛行店密切相关的布匹行店为主的讨论。其他类型行店由于其覆盖面小,存在时间短,社会影响小,因此这些行店的经营方式及有关详情将在适当的时候予以提及,但不作为主要的关注点。

② 马守礼：《张家川皮毛、布匹集散市场的形成史》,载《张家川文史资料选辑》（第三辑）,第56页。

对于某一行店在某一时间段也许并不全部具备，但中介性始终是其最根本的特征。当垄断性到后来消失的时候，行店就成为一个兼具中介性和中间性的机构了。"行店的业务，起初以控制市场交易，从中抽佣和代替税局征税……后来，随着行店数目的不断增加，业务范围也发展为无孔不入，行店本身也兼营买卖。"① 最初行店就是凭借垄断特权进行中介交易的经营场所，这是行店区别于其他店铺的根本不同，后来为了多方赢利，行店凭借雄厚的资本开始插手买卖市场，赚取货物的中间差价。

总之，在晚清至民国这一时期的行店经营中，呈现出一种多元化特征。这既包括经营内容的多元化，如皮毛、布匹、药材、茶叶等，也包括经营方式的多元化，如既开行店，赚取佣金，又兼营买卖，赚取差价。这和现在的一业为主、多业兼营的情况颇为类似。而且我们下文对地方士绅经营行店的分析中还可以发现，在行店经营中，不仅有现金买卖，还进行期货交易。由此表明，这一时期的行店由于处在发展的鼎盛时期，表现出了极为活跃的多面性经营特征。

再次，议价方式。行店在进行交易的时候，一般采取两种方式议价，即行话和手语。由于行店生意一般都是大宗交易，如果不用隐秘的语言商议价格，则会让市场中的其他商家乘机哄抬行情，从而形成恶性竞争。因此，为了保护行店业内部彼此之间的利益，造就良性的竞争环境，张家川行店业在长期的经营过程中，逐渐形成了仅供本行业内部使用的行业隐语，以此来区别日常使用的语言，这些行业隐语就是所谓的"行话"。据一些老人回忆，1949年之前张家川行店中流行的行话主要是对钱的规定，如：二（册钱）、五（盘钱）、六（捞钱）、七（新钱）、九（弯钱）、十（爷钱）等②。但随着参与人员的越来越多和行话流行范围的越来越广，行话渐渐失去了隐秘的性质，因此很多人弃而不用。1949年之后，这些行话基本上已销声匿迹，

---

① 马守礼：《张家川皮毛、布匹集散市场的形成史》，载《张家川文史资料选辑》（第三辑），第57页。

② 这些发音均为音译。

现在经营皮毛行店者鲜有人知道它。

另一种议价方式是手语。它是一种无声的交易,本地回族群众将其称之为"揣手"。"揣手"不能被人看见,一般是在袖筒内,衣襟下,或直接拿一块皮毛随便挡住,买卖双方在遮盖物下互相摸指头。其手语表示一、二、三、四、五、六、七、八、九、十的手形和我们日常生活中的表达一致,如"六"是由大拇指和小指来表示,"七"是由大拇指、食指和中指来表示,等等。如果要表示十五元,则先表示一,再表示五就可以了。在"揣手"的时候,可以讨价还价,但必须遵守行规,即只有交易成交后,才能公开交易的价格,否则,是不予以公开的。直到现在,在张家川乃至其他西北回民聚居的皮毛市场上,到处都可以见到这样的交易方式,只不过名称不同而已,有的地方叫"掏麻雀"。这种交易风俗之所以能绵延至今,有其存在的原因,"据回族老人讲,这种'掏麻雀'的交易方式,简单保密,两个人的事由两个人来交易,不希望更多的人插嘴插手,以免抬价或压价。如果交易不成,双方用眼神表示,心照不宣,另寻他人,正如回族谚语讲的'买卖不成仁义在'。这种方式互不争执和伤害感情,表现了回族人民文明的经商交易习俗"①。相比于行话,手语正是由于它的适用性所以能沿传至今。

最后,成员结构。行店作为一个大宗贸易的中介场所,其内部成员包括行店主、总经理、账房先生、牙纪、门房、做饭的和其他人员等,他们的分工各有不同。

行店主是行店的所有者,他们一般都是与地方势力有关系的人物或是当地的大富户。作为行店的唯一投资者,行店主一般并不直接参与行店的经营,而是委托有能力的人进行全权代理,这就是所谓的总经理。总经理也叫总管,负责行店的所有业务,行店能否赢利及赢利多少几乎全赖此人。因此行店主在选择总经理时,一要看其是否具有经理能力,二要看其人品如何,两个条件缺一不可。因为作为行店主

---

① 王正伟:《回族民俗学》,宁夏人民出版社2008年版,第246页。

的全权代理人,总经理的能力与否决定了行店经营的成败,而其人品如何则决定了行店主的获利可否。

作为行店的代理经营者,总经理的报酬是以年底分红的方式计算的。一般在年终时,将行店的总收入三七开,即总经理为三,行店主为七。虽然行店主不直接参与运营,但对行店的总体经营要有一个把握。到了年底,总经理要给行店主递交一份一年来的收入清单,以供行店主查阅。这种经营机制与晋商的"经理负责制"如出一辙,"经理负责制,是由财东出面聘任经理,财东将商号资本全部交付所聘经理,便不再过问商号事。经理有权决定商号内平时之经营方针,财东既不预订方针于前,也不施其监督于后。逢到账期(三五年不等),经理需向财东报告商号盈亏情况。一个账期结束,这位经理是否续聘则由财东裁定"[①]。

在经营行店的过程中,总经理往往与行店主及其家庭建立了良好的私人关系。据李得仓的孙辈们讲:"德盛堂是药行,聘用的总经理潘正德,在李家干了一辈子,最后终老张家川。药行为了感谢潘先生一生的操持,给了其家属500大洋作为丧葬费。当时我们作为'小掌柜',经常愿意给潘先生做一些零碎的事情,如端杯茶,为此能得到几个大板的零花钱。潘先生不仅医术高明,经营有方,而且为人很好。虽然他自己及其雇员都是汉族,但为了表示对回民的尊重,吩咐属下不能吃大肉。"(访谈记录20080404 - LHS;LHZ)潘正德对药行的经营及对人际关系的处理在当时的行店总经理圈子中堪称表率。

账房先生主要对行店的收入与支出记账,并对财务进行管理。有时是雇佣外人,大多数则是由行店主的家庭成员或亲戚担任,如:管理李得仓十大商号的账房就是他的四儿子李占鹏。牙纪在行店活动中是一个重要的角色,他的职责除了要能熟练地识别皮毛的成色以及充当交易的中介和稽查自由交易的商贩以外,一个好的牙纪还应该具备网罗客户的能力。具有人脉优势的牙纪往往成为各大行店争先聘用的

[①] 唐力行:《商人与中国近世社会》,商务印书馆2006年版,第65页。

对象，并获得较好的待遇。他们除了可以拿到较高的薪水以外，还可以获得年终的分红。

行店除进行日常的交易外，还要负责对货物妥善保管，并做简单的处理。因此当时行店里还雇有短工，负责处理皮毛及其他货物的装车、卸货等，工资按日来算。同时，行店里常年雇有看门与做饭的人员，这些人还需招待来往的商客，并在生意繁忙时帮助短工处理货物，他们是按月领薪。

当地的一位文化名人回忆："行店内虽然有各种分工不同的工作，但是所有的工作全部是由男性来担当，没有妇女出现。即使是行店主家里的妇女，也不会参与行店的经营活动。"（访谈记录20080407－MSQ）无论怎样，这是一个属于男性的世界，根本见不到女子的出现。克劳德·皮肯斯在1936年的游记中，拍摄了民国时张家川的集市照片，并写道："在每隔一天的集市之日，方圆数里的人们总会把街道挤得水泄不通，但即使在这个时候，依然很难见到女性的影子。"[①] 行店，这是一个由男性掌控的世界，也是他们尽情表现的舞台。

第三节 地方士绅在行店业中的作为

晚清至民国时期，能够开办行店的皆是拥有一定资本的地方大户，他们看准了皮毛市场发展的潜力，为了迎合市场发展的需要，相继开设行店。其中较为著名的有李得仓家族、马元章家族、李维岳和麻钧等人。

一 李得仓的"十大号"对地方经济模式的首创

李得仓是张家川的一个特殊人物。在回族反清斗争中，他以自己过人的胆识被推选为"南八营"的大帅。在斗争结束之际，又以自

---

① In Search of Moslems in China, April 30th to July 2nd, 1936, [unpublished trip diary by Rev. Claude L. Pickens, Jr.], Rev. Claude L. Pickens, Jr. collection on Muslims in China, Harvard-Yenching Library.

己的睿智赢得了左宗棠的赏识,"被赏戴红顶花翎,钦封武翼都尉,四品衔"①,成为治理张家川的地方官,并享有越级上报的权力。基于当时张家川山大林深,土地贫瘠的现状,李得仓为了解决地方民众的生计,发展地方经济,稳定政治局势,他利用自己政治身份的优势和张家川有利的交通条件,将目光首先投向了发展地方商业。

被后人所称道的"十大号"正是李得仓基于当时情况的首创。这"十大号"包括德盛店(皮行)、德盛堂(药行)、德盛和(布行)、德盛当(当铺)等,还有钱行、脚行②,等等。它们大多数都是以"德盛"二字开头,除当铺外,其经营模式几乎都以从事中介服务、抽取佣金为主,同时也兼营买卖,赚取货物差价。后来在张家川流行一时的秤行、脚行等都是以前者为主;皮行、布行及药行等则是二者兼而有之。张家川县人大原副主任郝伟烈曾谈到过盛极一时的"十大号","西城段里以李大帅(李得仓)公馆为中心,两旁沿街上下有药房、商行、皮行等。李得仓公馆占有整个一条巷子,直到北城墙。巷口为四马悬蹄的门坊,巷子东侧第一院房子名为'账房里'"③。李得仓作为"十大号"的拥有者,并不直接负责经营,而是雇佣汉族人杨兆甲为其打理生意。在"十大号"中,最被人所称道的就是皮行。《李得仓传》上记载着,"1888 年,61 岁,光绪十四年,李得仓在张川镇开设皮行并兴办家学"④。1888 年所开办的皮行,成为张家川时间最早、规模较大的行店之一,由于皮行利润丰厚,成为"十大号"的龙头行业。在李得仓的带领下,与其交往甚厚的苏尚达、马元超、摆瀛高等也相继开设了行店。

李得仓共有四子,长子管庄农,三子念经,"十大号"后来主要

---

① 参见《张家川回族自治县概况》,甘肃民族出版社 1985 年版,第 14—15 页。
② 脚行:一方代车主或骡户寻觅顾客,一方又代客商雇觅车辆骡马,以便驮货载客,盖客货商与车主、骡户二者间之媒介人也。车主之大车,与骡户驮货之骡子,如无生意时,即住于脚行中等候雇主。……脚行非但大车之介绍人,并为车主忠实之担保人。参见潘益民编《兰州之工商业与金融》,商务印书馆 1936 年版,第 116 页。
③ 郝伟烈:《张家川巨变》,载《张家川文史资料》(第四辑),第 11 页。
④ 苏德成、马国强:《李得仓传》,甘肃文化出版社 1997 年版,第 126 页。

上篇　晚清至民国时期的张家川回族行店

由其四子李占鹏和二子李占春负责经营。据李得仓的后人们回忆："除了皮行之外，李家经营的药行'德盛堂'在当时也是生意兴旺。'德盛堂'由一座院子组成，前面临街的房子为铺面，主要是零卖药材和给人看病所用，后院有上下5间2层木制楼房，上面5间放药，底下5间住人，主要住着药行的长工和外地的药商。由陇县拉来的药材，每次大约有四五辆车，全部汇集到'德盛堂'并通过其将这些药材批发给各地的商贩。同时'德盛堂'也代外地客商从本地收购药材。在这种双向交易中，'德盛堂'从中赚取佣金或是差价。药行发展的过程中，雇用了汉族人潘先生负责，年底以三七分账的方式取利（潘先生为三，东家为七）。"（访谈记录20080404－LHS；LHZ）时至今日，在李得仓的后人们家里仍保留着"德盛堂"的木制牌匾。

李得仓作为"十大号"的最初创办者，不仅为自己赢来丰厚的家资，而且也开辟了地方经济发展的新趋势。当时的人们评价为，"汉回和好，商贾通行，张家川附近民堡及陇州知州汤敏皆称李得仓约束有方"[①]。李得仓的"十大号"开辟了张家川最初的商业局面，后来的商业发展全是在"十大号"的基础上发展起来的，而且行店的经营模式一直在张家川流传了百余年之久，这不能不说端赖李得仓之功。

二　马元超家族创办行店

为了供应宣化冈的日常开支，马元超创办了"义信德"商号。由于马元超用人得当，义信德的经营蒸蒸日上，每年大约有上万银元的收入。"义信德经营的范围比较广，主要分'出货'和'进货'两个方面，进出都赢利。'出货'是指义信德在张家川及周围地区大量收购皮毛、药材等，然后集中出货，发往外地。张家川地处古'丝绸之路'南大道要冲，自古商贾云集，是陇东南地区最著名的皮毛、药材、布

[①] 杨毓秀：《平回志》（卷四），载白寿彝编《回民起义》（第三册），神州国光社1953年版，第140页。

匹集散地，这里皮毛、药材资源丰富，价格适中。义信德依托于这种资源优势，常年收购皮毛、药材，然后集中供应外地客商。'进货'是指从外地购进土布、棉花、绸缎、茶叶以及百货日用品，以满足张家川地区人民群众的生活需要。义信德派人常年往来于陕西、宁夏、青海以及北京、天津、上海、汉口、重庆、成都等地从事商业活动，并在这些地方常设货栈，并派遣长住人员。……商号内有营业人员十多人，派往外地的长住人员也有十多人。"[1] 由于交通不便，"出货"和"进货"是当时很多行店采取的双重获利方式。但如"义信德"商号的经营规模之大和经营种类之多，在当时都是比较少见的。他们不仅负责给外地客商收购皮毛、药材，而且还为外来客商的货物提供销路，在一来一往中提取双倍的佣金或是直接赚取差价。除此之外，他们还利用了大量的人力和资本，直接经营货物买卖。长期派往外地的长住人员，不仅从事商业的购销活动，并且还为"义信德"在张家川的经营提供了大量的商业信息，使得位居张家川的"义信德"商号"同这些城市的皮行、转口商行，常有贸易、信息的往来"[2]。拥有大量的信息，这是"义信德"能够成功经营不可忽视的一个因素。经过马元超的辛勤经营，"义信德"商号的规模在不断扩大，"商业设'义信德'商号一处，资本达三十万白洋。在张家川县城开'森盛堂'药店一处。在张川、龙山二镇开设皮行、布店各一处。在张、龙二镇有成百间铺面"[3]。

在马元超之后，其家族成员均创办了自己的经济实体。他们分别是："马锡武的商号叫天锡店，主要经营布匹等；马毅武的商号叫藩盛店，主要经营皮毛；马辉武的商号有仰一堂和乾和真，主要经营布匹、皮毛和药材；马霆武的商号叫福来店，主要经营皮毛、茶叶等，该店还附设货栈，为四川等地茶商提供方便；马桓武的商号叫桓盛店，还开办了一个石印局，主要以刻版印刷为主；马重雍开办的商号

---

[1] 参见马国瑸主编《宣化冈志》，甘肃人民出版社2005年版，第114页。
[2] 马国瑜：《宣化冈》，载《张家川文史资料》（第一辑），第74页。
[3] 马国瑜：《宣化冈》，载《张家川文史资料》（第一辑），第74页。

叫惠丰店，主要经营布匹和皮毛。"① 这些行店均是进行皮毛、布匹、药材和茶叶等大宗货物交易的场所。在这里需要指出的是，尽管马元超的长子马锡武位居高官，且常年在兰州居住，但他在张家川仍有自己的商号，其二子马毅武、四子马霆武虽然早逝，但他们的商号仍经营如常。这样一种家族式经商，在当时的张家川是比较少见的。

马元超当时的这种安排，固然有其为子弟生计的考虑，但同时也在安排着家族成员为未来宣化冈的发展贡献经济力量。因为事实证明，在宣化冈后来的发展过程中，一股重要的经济力量就是来源于马元超的家族。"马元超逝世以后，其六子中除老大马锡武在军政界任职，没有直接参与经营活动外，其余五人均有各自的商号和其他经济实体，或直接参与，或间接参与，都在不同程度上进行着各种经营活动，其收入都比较可观。他们对宣化冈的经济支持贯穿于宣化冈的整个发展过程中。"② 马元超家族这种"以商养教"的模式不仅使自身从商业中获得了直接的经济利益，也为宣化冈的发展作出了贡献。

三 "兴盛泰"的"期货"经营

如果说李得仓家族和马元超家族的经商中都折射了一种身份背景，那么"兴盛泰"则完全是依赖其主人李维岳的个人经营在商界名噪一时。时至今日，在张家川县城里随便问一位上了年纪的老人，他们几乎都能为你讲述几句有关"兴盛泰"的故事，而李维岳是一位将"兴盛泰"推向巅峰的人物。在后辈的回忆中，"他为人严肃，但富有雅趣，由于左半边脸上有一块黑胎记，并在家里弟兄中排行老三，因此人称'三黑脸'。从父亲手里接过'兴盛泰'字号，经过几年时间的发展，在 20 世纪 40 年代（即民国三十年左右），就已经成为张家川最大的商户"（访谈记录 20090505 - LFZ）。

"兴盛泰"一向以经营布匹为主业，只不过它和别的布行经营方

---

① 马国瑸主编：《宣化冈志》，甘肃人民出版社 2005 年版，第 115 页。
② 马国瑸主编：《宣化冈志》，甘肃人民出版社 2005 年版，第 110 页。

式有所不同。在当时的张家川开设布行，外地货物进店照例是要抽佣的，这是经营行店业和其他商业的最大不同，"行栈是一种特种行业，既不同于旅馆，也和一般商业不同。在经营商业来说，抓住勤进快销，加速资金周转，组织货源，就会把生意做活。开行栈则不然，主要营业收入靠佣金，货源在客人手里，客人的希望就是要脱销快，获利多，经营行栈就必须抓住这一特点。最关键的一条，要使人信得过，就要严格守信誉，要办事迅速，稳重可靠，手续简便，服务周到"[①]。因此，只有满足客商的愿望，才能吸引更多客商光顾，也才能抽到更多的佣金。李维岳非常明白行店经营的特点，那么，如何使客商的货物能在最短的时间内销售并最大限度地获利呢？

作为主营批发生意的行店主为了招徕买主，扩大经营，有现金交易的，也有期货和半期货交易的，二者后来成为拉拢顾客的主要方式。在张家川，首创"期货"交易方式的是"兴盛泰"，即开创了将货物以卖"标期"的方式盈利。其具体经营方式是："'卖期'月息三分左右，以半年或一年为一期，例如一匹布当时市价10元，卖半年期价11元8角，一年期价13元6角，实际和上海入布时的价格比较也等于七八分利息。……这和一般十分、二十分放账的人比较起来，的确利钱不大，但是'卖期'的对象只限于中等以上的商人和富有产业的人，穷人是买不到他们的'期货'的。所有买到他们'期货'的商人，又往往以高利转手贷放给小商小贩，从中剥削图利，或投机倒把赚更多的利钱。"[②]"卖期"意味着赊欠出去的货物要收取一定的利率，正常情况时以半年或一年为一期，时间越长，利率越高。但在特殊情况下，如政局动荡，物价不稳时，标期一般较短，甚至有时取消标期贸易。由于客商在"期货"交易中要比平时的付现交易获利较大，并且"兴盛泰"所定的月息大大低于高利贷的利息，又使得购买"期货"的人负担较小，而且一旦有家底或他人作

---

① 陈茂春：《兰州市的行栈业》，载《甘肃文史资料选辑》（第十三辑），第121页。
② 马守礼：《张家川皮毛、布匹集散市场的形成史》，载《张家川文史资料》（第三辑），第62页。

担保，就可以在不需要任何本钱的情况下着手经营，因此大大拓宽了销路。但是这之中有一个问题，那就是"期货"的兑现需要时间，无论对于外地客商还是行店主来说，都需要对这段时间的风险予以充分的估计，否则将是连本带利地亏损。基于此，在"期货"生意中最讲究的就是信息和信誉。

首先关于信息。"李维岳当时在上海、北京、天津、西安、汉口等地都有其交易点，派人常驻当地给其汇报行情的涨、降。从张川、宝鸡、西安、郑州一路上都有其办事处，'兴盛泰'的雇佣人员可在点上免费吃住。"（访谈记录20080407－MSQ）当地文化名人MSQ提及的这一点，在李维岳的晚辈中得以印证："解放前，'兴盛泰'在上海有5间房产，西安西大街旁边也有一处房产，专门接待'兴盛泰'的来往人员。"（访谈记录20090504－LJJ）我们可以想象，通过这些辛苦道途的人们频繁往来，上海、天津、北京、汉口等各大商埠的信息将及时通达西北的一个小镇——张家川。拥有了如此庞大的队伍，如此严密的网络，"兴盛泰"也将和大埠头的其他商家一样处在信息的最前沿。他们不仅关注商情，也关注时局，利用获得的信息合理制定标期的时限和月息的高低，甚至在关键时刻取消"期货"交易。商场如战场，无论任何时候，拥有了信息，也就意味着拥有了商机。

不得不提的是，"兴盛泰"在经营过程中充分利用了从全国各地搜集回来的消息，由于其占有的信息量大，在每次的生意中总能稳操胜券，因此他们的一举一动都成为当地其他商户的风向标。如：上海的行情涨了，李维岳由于能率先获知信息，在行情大涨之前就备好充足的货物，等行情大涨之后再卖出，就可赚得大利。而那些信息渠道不畅的小商户，在行情大涨之后再跟风进货，获利自然不能与"兴盛泰"相提并论。从此跟风事件中我们也可以看出，"兴盛泰"的信息发达是当地其他商户所不能比拟的，而李维岳在商场上的睿智与果断也是大多行店主所不及的。

其次关于信誉。由于"标期"兑现有时间差，出于对客商货物的负责和自身经营的考虑，为了稳妥起见，"卖期"的对象只能选择中等以上的商人和具有产业的人，这是因为，"解放前做生意不是一手交钱，一手交货。过去做生意，全凭信用，大小的买卖都有赊欠，讲究买标期。但也有人专营投机，买空卖空，牟取暴利，标期未到，就关门大吉，逃之夭夭。可是发生类似这样的情况，客人概不负责，哪怕售出之货全部烂掉，与行客无关。所以说开行栈的，收取有限的佣金，责任是无限的。行栈在开业之初，都要具有两家殷实铺保，经过商会和行政机关批准才能营业，行栈发生了意外，赔偿不清，铺保要负连带赔偿责任"①。这就表明，行店主要对卖了"标期"的货物负全部的责任。因为对于外地客商而言，他们本来就不谙当地情况，要将大量的货物投放行店，并由行店主代为销售，特别是进行延时性的"期货"交易时，选取哪家行店来代理，是他们要慎重考虑的。因此行店以往的经营情况和目前的经营现状，特别是行店的口碑、信誉如何，直接影响到客商的进驻率。那么我们就可以理解，为了维护"兴盛泰"的声誉，减少投机事件发生所造成的损失，李维岳选取能使"标期"最大限度按时兑现的具有中产家资的商人，也就是选取那些具有保障、信誉较好的商人进行交易，似乎就无可厚非了。因此在"期货"交易中，购买"期货"的人要对行店主讲信誉，而行店主则要对客商讲信誉，其中任何一环毁约，都将影响"期货"交易的正常进行。除此之外，"兴盛泰"自身所拥有的雄厚资本，也为预防投机事件的发生设立了屏障。即一旦发生投机事件，"兴盛泰"可以利用自身的资本从中周转，而不损害客商的利益。

　　正因为这种种原因，进入"兴盛泰"的外地布商越来越多，当然，抽佣的收入也就非常可观。在获得大量佣金的同时，李维岳瞅准了市场发展的潜力，将自身的资本投入直接运营，即"兴盛泰"自己也直接进货，进行"期货"销售。并且在去外地进货时，从兰州驮上中药、水烟去上海、天津等地贩卖以后，回来时再进上布匹等

---

① 陈茂春：《兰州市的行栈业》，载《甘肃文史资料选辑》（第十三辑），第121页。

物,可谓来往不空,双重获利。

据李维岳的一位晚辈讲:"作为当时的张家川大户,'兴盛泰'经营的货物里除了有洋布、土布以外,还有从上海、杭州等地运来的绸缎。而且为了将白土布染成适合当地人喜欢的颜色,还开办了手工染房。由于手工制作,印染的效率低且技术不精,因此李维岳准备投资办纺织厂。但适逢内战开始,购买的设备在上海的港口运不回来,最后成为锈铁。"(访谈记录20090504-LJJ)虽然由于战争的原因,投资办厂失败了,但李维岳不失为一个成功的商人。他的成功不仅在于拥有雄厚的资本,更在于其有超前的意识。

"兴盛泰"凭借"期货"经营赚取了丰厚的家资,在具备经济实力的前提下,一度活跃于张家川社会历史发展的舞台。

四 "俊义成"的皮货经营

"俊义成"的主人叫麻钧,回族反清斗争后,其祖辈从陕西的麻崖村随崔伟迁居恭门镇的麻崖村。父辈以驮运盐业起家,从青海贩来盐,背到汉中、平凉、宝鸡等地,回来时再买上棉花,就地贩卖。连续的贩运,也仅仅是维持一个家庭的温饱。年轻时的麻钧也曾参与了皮毛贩运的队伍,开始了自己的经商生涯。与"兴盛泰"相同的是,麻钧也没有任何政治背景,完全依靠自己的实力拼打并立足于商界;而与之不同的是,他没有从父辈手里继承的资本与字号,"俊义成"完全是他一手创办的。

随着皮毛市场的不断发展,外地客商的大量涌入,开设行店的门槛也被降低。以往那些没有权势却有资本的商人都加入了开设行店的队伍,麻钧正是在这种情况下创办了"俊义成"。相比于前三家的行店创办者而言,麻钧起步较晚。但在动荡的战争年代,他却依靠自己的辛苦经营在行店业中脱颖而出。当时外地客商在张家川收购皮毛,有的是常年扎庄,有的是随购随运,往来经营,无论经营方式如何,他们一般都要通过行店议价。也就是说,进入张家川的客商总会选择一家熟悉的或可以信赖的行店进行全权委托,代理收购皮毛或出手货物。如同当时的其他行店一样,"俊义成"的客源来自四面八方,他们有的携带现金收购,有的则携带布匹百货进入行店。对于前者,行店只负责采购货源,而对于后者,行店要先将客商的货物售出,然后再为其采办货物。在这些服务中,"俊义成"作为行店只收佣金。除此之外,它赢利的最根本原因在于开设皮毛作坊。这不仅使它吸附了更多的客户群,为其行店的经营注入了活力,而且直接开辟了一条通往大商埠的生财之道。

皮毛作坊的开设与当时的市场情形密切相关。由于当地制作的皮货工艺精湛,吸引了大量客商前来订购,正如麻钧所回忆的,"当时制作的皮衣工艺精湛,远销武昌、天津、北京、上海、西安、重庆、成都、汉口、宝鸡等地,博得了顾客的好评"[①]。然而,本地一些有技术无资本的手艺人,只能开小型作坊,每年的产量从三五件到一二十件不等,根本无法满足市场的需求。基于供不应求的市场状况,一些具有资本的行店主瞅准市场潜力,纷纷开设皮毛作坊,加工成品,以图厚利。

"俊义成"开设的皮毛作坊正是借助市场发展的契机,在经营中获利丰厚。据麻钧的晚辈讲:"当时开设作坊主要是把收来的皮毛加工成皮衣、皮袄、皮褥子等成品,然后再发往各大商埠。'俊义成'虽不是张家川经营作坊的第一家,但却是业绩最好的一家。"(访谈记录20080408－MJG)关于其经营的具体细节,马守礼先生有过这样的论述:"他们在购买生皮的时候,把自己本来值价10元的布匹以14、15元贷放给皮毛小商贩,商贩把皮买回按市价卖给他们,这就已经赚利百分之四、五十。在熟制过程中,比如,一件皮袄的生皮值价8元,付出加工费一两元,运至上海一般要卖十六、七元以至二十元,赚利将近一倍。……凡能做起百十件成品,够上去大商埠贸易的人,很快就发起大财。……麻钧在抗日战争开始时,不过是能做百十

---

① 麻钧、马辅臣口述,王文业整理:《张家川皮毛业发展简史》,载《张家川文史资料》(第一辑),第26页。

件熟货的一般商人，这样经营皮毛作坊的结果，仅仅几年就进入张家川头号资本家兼地主的行列。"①

在以"俊义成"为成功案例的分析中，我们可以看出：（1）相比于小型作坊，行店主的作坊规模大、产量多，而且他们还拥有小型作坊所不具备的另一优势，即亲自将成品运往上海、汉口、天津、成都等各大商埠，由当地的行店进行批发销售，其所得远远多于在张家川本地的销售收入。在与张家川相邻的秦安，我们遇到了一位九十岁高龄的老人，他曾经是秦安经营皮毛、棉布的十大家之一"海兴源"的掌柜。老人介绍说，

> 解放前，秦安和张家川的"毛货客"经常结伴往上海送皮货②，因为上海的客源多，价格远远高于本地客商的收购价。皮货一旦到了上海，一般就拿到了上海的江西路51弄14号协兴公皮行，其经理是上海人王建忠。所谓的皮行，就是一个较大的场子，有很多来自南京、杭州、甘肃等地的外地皮货商，其间有人充当中介，撮合生意，提取行佣。如果不经过皮行经人介绍，皮货一般只能小量地零售，周期较长，而进入皮行经过介绍，就可以找到大买主一次性批发出去，周期较短。（访谈记录20080409 - ASK）

可以想见，张家川、秦安的"毛货客"经常到上海的皮行进行销售，一年几次的往返，均会获利匪浅。（2）当时行店主开设的皮毛作坊与一般作坊不同的是，一般作坊是用现金收购皮毛，而行店主则利用进出大商埠的机会购买布匹、百货等，或是利用进店客商的布匹、洋货等其他货物，在张家川本地贷给皮毛商贩换取皮毛，这之间的物物交换就又可以赚得一笔。

---

① 马守礼：《张家川皮毛、布匹集散市场的形成史》，载《张家川文史资料》（第三辑），第60—61页。

② "毛货客"指能去上海等大商埠贩卖毛货的人。

第一章　行店的历史形成

据马守礼先生考察，皮货"出售后又购买布匹杂货运回，一往一来，一般赚利在一倍以上，遇到物价波动时，往往达到两三倍"①。获利的丰薄与经营风险的高低是成正比的，尤其是抗日战争开始以后，东路的沿途情况十分不利于运输货物，因此一旦能够把货物成功运到东部市场中进行出售，其获利必然丰厚。除旱涝保收的行店抽佣以外，"俊义成"的获利丰厚正是来源于向东不断供应的皮货外销。正是基于行店和作坊连续不断的运营，"俊义成"的家资越来越丰厚，其主人麻钧也跻身为张家川商界的一代名流。

上述分析显示，行店主凭借其资本雄厚的有利条件，审时度势，积极介入利润丰厚的行业，广开财源。他们不仅为其自身赢得家资，而且也极大地促进了地方市场的繁荣，"外省客商来张家川经营皮毛业者络绎不绝。先后有：河北省顺德府的顺德客；天津客商；山西潞安客商；东北吉林、辽宁、黑龙江三省和内蒙古呼和浩特、包头、张家口等地的客商；山东济南客商；河南开封、洛阳、孟县客商；湖北汉口、沙市、宜昌客商；陕西泾阳、三原客商；青海西宁客商；宁夏银川、吴忠客商；甘肃临夏、甘凉州、平凉、海原、固原、庆阳、临洮、岷县、西和、礼县、盐官等地的客商；他们进驻各皮店者达一百多家"②。外省和本土客商的"络绎不绝"反映了张家川皮毛业在当时的繁荣景象，这不仅是本地人的一面之词，作为一名来自异域的行者，克劳德·皮肯斯在1936年路经张家川时，也被该地市场的繁荣所惊异，他在游记中这样写道："在我整个的旅程中，我从未见到过如此具有活力的市场，在一个给定的场所（市场）中竟然有如此多的人。"③ 游历了中国众多地方的皮肯斯竟然对张家川集市的繁荣给予了如此高的评价，

---

① 马守礼：《张家川皮毛、布匹集散市场的形成史》，载《张家川文史资料》（第三辑），第59—60页。
② 麻钧、马辅臣口述，王文业整理：《张家川皮毛业发展简史》，载《张家川文史资料》（第一辑），第22—23页。
③ In Search of Moslems in China, April 30th to July 2nd, 1936, [unpublished trip diary by Rev. Claude L. Pickens, Jr.], Rev. Claude L. Pickens, Jr. collection on Muslims in China, Harvard-Yenching Library.

这不能不归功于地方绅士在行店业中的积极作为。

　　从李得仓"十大商号"的创立到"兴盛泰""俊义成"等新兴士绅的承续，张家川的回族行店市场在一步步形成，最终定型为冠西北之首的皮毛集散中心。而这样的一个商贸中心却是基于恶劣的地理条件，从荒凉之地发展为一个繁荣的集市，乃至成为西北皮毛交易枢纽，这与李得仓当时的选择是分不开的，当然，更与后来者的继续努力不可分割。是他们，共同造就了这一繁荣，也为子孙后代开辟了一条谋生、致富的道路。

第二章

行店对地方经济的影响

从晚清到民国的五六十年间,行店经历了从产生、发展到繁荣的一系列阶段。在此期间,行店通过依恃特权进行行业垄断、发行钱帖及与洋行密切结合等途径,在不断发展壮大自身的同时,也对地方经济产生了极大的影响,显示了行店与地方社会之间的密切关系。

第一节　依恃特权的包税制度及行业垄断经营

行店在张家川的出现,虽然源于经济领域中贸易繁荣的需要,但一经出现,它就显示了与其他贸易经营的最大不同:它的基本存在方式更多地体现了垄断的特征。行店在经营模式上具有的行业垄断性主要表现为:"皮毛、布匹交易的场所,为皮毛、布匹行店,税局征税亦依靠行店代为控制。所有上市的皮毛,不论多少,必须拿到行店出售,外地扎庄客商,照例要住到行店进行皮毛、布匹买卖。各行点均设有专职的牙纪(交易员)数人,负责评议交易和稽查自由交易的商贩。行店门前都悬有两面方牌,分挂左右。在民国元年以前,是虎头牌,后来随着反动政权的更替,换为'五色国旗'和'青天白日国旗'牌。牌是向反动政府领取的,牌上书写'抽收行佣，禁止偷漏'或'抽收行佣，补助国税'等字，俨然行政衙门。事实上，行店与税局之间互相借助，对不进入行店交易的商贩，有权打罚，等同行政衙门。"① 行店的特权不仅限于此。民国时期，"行店的开设，由省财政厅发给执照，一次征纳押金2—3万元，其权永世不变。每年纳常年税20余元，向交易商人按成交额百分之四征收行佣，买卖双方各负担一半"②。由以上两段材料可以看出，相对于其他行业而言，行店更多地凸显为一种特权经营，这种特权性体现为：

首先，行店的经营直接获得了当时政权的支持。行店一旦能领上政府颁发的方牌，被承认为合法经营后，就有权对不进店交易的商贩实施惩罚。对于当时的皮毛、布匹等大宗交易而言，政府对行店授予了直接的垄断权和监督权。更为严重的是，"税局征税亦依靠行店代为控制"，这意味着，在某种意义上，行店具有了政府税务部门的职能。垄断权、监督权和收税权的拥有，不仅为行店赢得了控制非法交易的权力，也为行店带来丰厚的利益。

其次，既然行店拥有对大宗货物交易的垄断权，那么这样一本万利的生意自然不可能被一般人所触及。行店开办之初，只有当地有权有势的人才有资格经营这样的生意，况且一次征纳的2万—3万元押金就已经把一般人限制在了门外。在能够搜集到的有关资料中，我们发现，行店主中容纳了当时大量的地方权贵阶层，凡在张家川有些脸面的人物几乎都参与了行店的运营。如表2-1所示：③

---

① 马守礼：《张家川皮毛、布匹集散市场的形成史》，载《张家川文史资料选辑》（第三辑），第55—56页。

② 马守礼：《张家川皮毛、布匹集散市场的形成史》，载《张家川文史资料选辑》（第三辑），第56页。

③ 参见马守礼《张家川皮毛、布匹集散市场的形成史》，载《张家川文史资料选辑》（第三辑），第57页；李文著、李生民口述、杨建荣、王存珠整理《新民中学在张家川的历史地位》，载《张家川文史资料选辑》（第一辑），第38页；马国瑛主编《宣化冈志》，甘肃人民出版社2005年版，第178—181页。

| 第二章　行店对地方经济的影响 |

表 2-1

商号名称	行店主姓名	其所拥有或依附的权势
德盛	李得仓	张川的最高执政官,有向清廷越级上报的权力
万镒	崔伟	清同治年间陕西回民起义的领袖,后任张家川恭门镇的地方官
福来	马振河	张川区区长
德统	刘久德	民国初年在建威军吴炳鑫处做官
全兴	刘士栋	为刘久德侄儿,历任张川区区长、马荣全处参谋长、张川镇镇长等职
万源	崔仁山	崔伟户族
保太	李镇侯	李得仓的孙子
天锡	马锡武	北洋政府时期在吴佩孚部下任过统领,驻甘肃省绥靖公署委员……北伐胜利后,南京国民政府授予他陆军中将衔,先后委任甘肃省农垦局督办、甘肃省保安副司令、甘肃省东路交通司令
桓盛	马桓武	为马锡武的弟弟,曾任马廷贤(国民军驻天水总指挥)部第三师师长
太和	李正华	马锡武弟兄的亲信
旗盛	肖子福	马锡武弟兄的亲信

由此可见,行店主本身都是地方权贵或与地方权贵有关的士绅阶层。由他们所经营的行店,自然也就被披上了特权的外衣。

再次,从"行店与税局之间互相借助"揭示出行店主还和地方官员建立了较好的私人关系。他们上通省府,下达县官,并和直接管理行店的官员有着更为密切的关系。当时与行店密切接触的官员中,百货局局长位居其一。"由于市场越来越大,甘肃历届反动政府均在此设有头等税务机构。北洋政府期间,曾设皮毛税局以管皮毛交易,设厘金局管其他商品交易并兼理保甲局。北伐战争后,皮毛局与厘金局合并为一,更名百货局,后百货局又更名为特种消费局,名目虽多番变更,但性质始终如一。"[①] 可见,百货局就是由省上直

---

① 张家川回族自治县工商行政管理局编:《张家川回族自治县工商行政管理志》,1991年,第55页。

| 上篇　晚清至民国时期的张家川回族行店 |

接管辖的头等税务机构。由于张家川贸易的繁盛,百货局由清水县城改设在了隶属于清水县的张家川镇。MSQ 是张家川的一位德高望重的文化名人,老人虽已年过九旬,但仍精神矍铄,他的回忆给我们提供了难得的史料。

全省各县当县长的人即将卸任时,只要在省上有面子、有靠山的,就可以被放到百货局,当一个局长,三五年后便可富贵还乡。民国初年,张川镇的税收收入很高,被列为全省的四大镇之首,其他三镇为庆阳的西峰镇、武山的洛门镇、徽县的江洛镇,在张川镇当个百货局局长更与别处不同,他的地位虽然与县长平级,但收入很高,并直接受省上管辖,实际上比县长还体面。(访谈记录 20080407 - MSQ)

克劳德·皮肯斯在 1936 年路经张家川时,曾拜访了一位收税官,他描述了这样的细节:"我们拜访了一个富有的穆斯林收税官……他带我们参观了他在山上的私人清真寺。"① 由此也可以佐证百货局局长的收入不菲。

那么百货局局长的富贵还乡依靠的是什么呢?他们的富有除了政府的薪水以外,更与行店主的交往分不开。

百货局负责给开行店的人收统税,收讫后为货物盖上章子,货物才可以运出张家川到境外销售。行店主为了能使货物及时畅通地运出张家川,需要和百货局的官员处好关系。当时主要用白货(银元)和黑货(鸦片)进行贿赂,因为通货膨胀,纸币是行不通的。行店主和县上的其他官员也需要通过贿赂来结交关系,清水县的财政科长来到张家川住到行店里,由行店提供招待,行店主与科长坐在一起打

---

① In Search of Moslems in China, April 30th to July 2nd, 1936,[unpublished trip diary by Rev. Claude L. Pickens, Jr.], Rev. Claude L. Pickens, Jr. collection on Muslims in China, Harvard-Yenching Library.

第二章 行店对地方经济的影响

牌，要故意给其让牌，达到隐性送钱、贿赂的目的，和百货局局长之间也靠这些手段来拉拢关系。（访谈记录 20080407 – MSQ）

行店主为了保住自己生意的畅通无阻，总是千方百计地讨好地方财政官员。随着地方官员私囊的饱满，行店的获利也在不断地加码。我们进行田野调查的时候，无意中得到了一本账簿①，上面记载的明细部分印证了上述的访谈内容。这本民国年间的账簿，其中有一项记载的是百货局向商家借钱，其具体内容为"百货局：腊月初六，借钱四百八十串整，二十四日收钱四百八十串整。清"。虽然这笔钱最后还回了，但是作为直接向行店收税的堂堂百货局，居然向商家借款，究竟是何原因，我们已无从知晓。可以作出推测的是，这种借款不仅仅发生在一家，其他行店主应当也经历过。因此，这种借款关系，至少在某种程度上向我们揭示了百货局与行店主之间的密切关系。

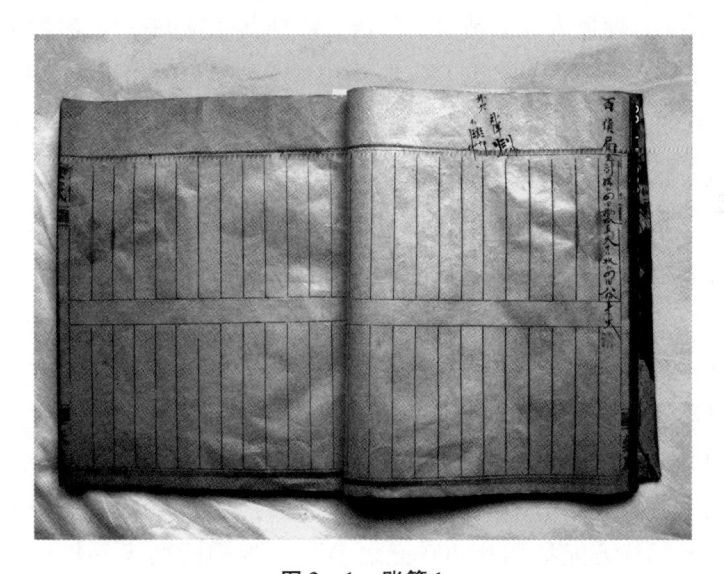

图 2 – 1 账簿 1

---

① 提供账簿的后裔是摆青高一脉，是德兴店的主人摆瀛高的兄长一支。由于账簿残损，老者故去，至于"本号"到底是什么商号名称，是不是德兴店，其后裔也不能具体确认。

上篇　晚清至民国时期的张家川回族行店

地方权贵阶层直接参与经营行店，并在经营中和其他官员建立了较为私密的关系。在重重权力庇护下的行店，会在地方经济活动中留下怎样的烙印呢？

从其运行模式中，我们可以明了的是，行店正是凭借着与地方特权的这种紧密联系，才更好地借助对皮毛、布匹等行业的垄断权如火如荼地开展着皮毛贸易及其他经营活动。依恃特权，他们可以垄断行业交易，继而获得暴利。具体来说，这种行业特权对他们利益的连带作用主要体现在以下几个方面：

其一，为包税。包税在当时又被称作"断税"，即行店在一定期限内可以用一定数额的资金向税局买断税费。不同于我们现在的收税方式，包税是由税局事先确定一个具体的数额作为行店的"常年税"，行店只要缴纳完"常年税"，一年之内就无须再向税局纳税。据相关资料记载："每年到农历腊月间，清水县政府就通知各集镇办'包行'手续。张川镇的大绅士，便派人先去清水衙门送人情打点（拉关系），然后送上包金，领上照。"[①] 这里的"包金"是指用于缴纳包税的相当数额的资金。能够包税的人，必须具备两个条件，既要有资本，还要和权力攀附上关系。用资本来包税的人，都以盈利为目的，除去为税局上缴的税收，还要为自己带来不菲的收入。所以，开行店的权贵与士绅们要通过疏通关系，缴纳一定数额的"包金"，才能取得经营行店的相关执照。

这样，"包税"权的获得对于行店主来说，一方面意味着行店的经营权得到了国家法律的庇护，其经营模式获得了合法性支持。另一方面也意味着可以缩减税费，因为他们的税额通常是事先规定好的，并不随着贸易额的增长而增长。事实上，行店主通过疏通关系获得的包税数额，大大低于其赢利额，因为"有的行店每一逢集成交买卖达一两万元，每万元抽佣达 400 元之多"[②]。按当时两天一集计算，他

[①] 穆启圣：《解放前张家川的"斗行"和"秤行"》，载《张家川文史资料》（第二辑），第 78 页。
[②] 马守礼：《张家川皮毛、布匹集散市场的形成史》，载《张家川文史资料选辑》（第三辑），第 56 页。

们一年之内也能获利数万元,而他们每年向税局上交的包金则区区二十余元。① 与数额巨大的抽佣相比,行店用于缴纳包税的费用只是一笔微不足道的支出。

其二,为抽佣。"包税"权的获得使抽佣具有了合法性。作为特权的象征,抽佣体现出行店对市场交易活动的干预和控制。按照当时的规定,所有上市皮毛都必须经过行店才能进行交易,即使外地客商也不能例外,行店因此也就拥有了等同于行政衙门的权力。打着"抽收行佣,补助国税"的幌子,他们缉拿自由交易的商贩。在相关行业领域中,凡是未进行店而私自进行的贸易活动都被称作黑市交易。一切黑市交易不但被政府明令禁止,而且还会被列入行店的监控名单。

> 当时有些皮毛商贩为了避开行店抽佣,多赚点钱,不进行店进行交易,而是到黑市上去卖。行店为了杜绝黑市交易,总是由牙纪亲自巡查市场,或由行店出钱临时雇佣两三个人,派他们去市场中巡逻。皮毛商贩和采购商一旦被这些人抓住,总是千方百计贿赂雇佣人,以求放人。否则就要被抓到百货局,接受对买卖双方进行50%—100%的罚款。(访谈记录20080407-MSQ)

因此,行店打击黑市交易,一方面维护了国家的税收秩序,杜绝了商贩们偷税漏税的现象;另一方面,在打击黑市交易的过程中,行店主以监控税收秩序为名,满足了其抽取行佣的需求。对于行店而言,他们只需向税局缴纳"常年税",在"包金"既定的情况下,进入行店交易的商贩越多,他们就会获利越大。应当说,行店中的牙纪之所以严厉地对待自由交易的商贩,正是为了提高抽佣所得,而补助国税只不过给其提供了一种合法的理由,使其能名正言顺地控制市场交易。所以,在打击黑市交易方面,行店的态度不仅是一贯的,而且

---

① 参见马守礼《张家川皮毛、布匹集散市场的形成史》,载《张家川文史资料选辑》(第三辑),第56页。

也是坚决的。以打击黑市交易为契机，行店打着监控税收的旗号，巩固了自己向商贩抽取行佣的权力。

其三，交易中占有优势。从上文我们可以看出，行店主都是财势双全的人，并凭借特权独享着皮毛、布匹等大宗货物的垄断经营。因此，对商贩和客商之间的黑市交易进行严密控制就成为行店合法权利的应有内容。商贩和客商不能私自见面，必须经过行店的中介才能成交。对于既不具备囤积货物的财力，也不具备将货物向外地运输能力的大量商贩来讲，他们只能别无选择地与当地行店进行交易。这种种因素决定了行店主在与商贩的交易中占有优势。

在张家川，从事皮毛生意的商贩大都是本地的穷人。由于当地自然条件恶劣，地少人多，很多人缺衣少食。为了养家糊口，当地的一些农民从事起贩皮的行当。"他们中间大多数手头没钱，向布店拉账，农闲时就去平凉、庆阳、西峰一带买皮。少量的自家背回，稍多的雇脚户驮运，回来后拿到皮店出售"[1]，皮毛商贩由于没有收购的本钱，在贩皮的初期，往往都得依赖行店的帮助。由于牧区物品的奇缺，货物比钱更受牧民的欢迎，因此商贩往往是从布店赊得一定数量的布后，才开始收购皮毛。"皮毛商贩百分之九十五以上，全靠借债图谋蝇头小利，本小利微，活动范围只能局限于穷乡僻壤，无力把自己所收购的皮毛直接运往较大较远的城市出售。"[2] 由此不难发现，无论是起步之初的成本借贷还是收购皮毛后的销售，商贩的无力独自经营都使得其不得不依赖行店主，这种依赖关系决定了商贩在和行店主进行交易时，失去了讨价还价的权力。

在皮毛商贩对行店主的依赖中，行店主获得了对交易的控制权。交换网络理论的提出者埃默森认为，依赖是权力之源，"由于他人为了资源而依赖于某行动者，因此，该行动者拥有权力。这样，行动者A

---

[1] 麻钧、马辅成口述，王文业整理：《张家川皮毛业发展简史》，载《张家川文史资料》（第一辑），第23页。

[2] 麻钧、马辅成口述，王文业整理：《张家川皮毛业发展简史》，载《张家川文史资料》（第一辑），第54页。

之于行动者 B 的权力就取决于行动者 B 为了他所珍视的资源对 A 的依赖程度,反之亦然。……如果某行动者比其交换对象有更多的权力,这个行动者会进行权力运用,并利用其交换对象的依赖获得附加性权力,或降低其从交换对象那里获得资源时本来必须付的成本"①。同时埃默森还提出了,一旦出现权力的不平衡时,B 会选择可替代性手段来减缓 A 对其施加的权力影响。② 但我们知道,行店是一种特权支持的垄断经营,皮毛商贩可以选择张三的行店,也可以选择李四的行店,但他却不能不选择与行店进行交易。在这种意义上,皮毛商贩对行店的依赖是完全的,他们没有任何可以选择的替代性手段。这就导致了行店对皮毛商贩的权力成为一种完全的权力。而这种权力的实施则是,行店主可以在一个最大的限度内进行垄断经营,可以尽可能地在交易中占据价格优势。当然,这个限度须以皮毛商贩的承受力为基础。

客观而言,虽然皮毛商贩在和行店主的交往中处于不平等的地位,盈利微薄,但其辛苦所得在一定程度上确实改善了自身的困窘生活。因此,张家川有一句民谚:"半年庄农半年跑,半年不跑吃不饱",形象地说明了出外收购皮毛乃是本地人维持生计的一条主要出路。由此观之,即使处于交易中的不平等地位,商贩和行店主之间也更多是合作而非对立的关系。

总之,通过依恃特权所获得的包税权、抽佣权和在交易中占有优势,使经营行店成为一本万利的生意。就当时而言,能够参与行店运营的人在张家川是凤毛麟角,"张家川街市在民国元年以前,李得仓开设的德盛行店,苏尚达开设的万盛行店和民国初年崔伟家开设的万镒行店,刘久德的德统行店,马锡武兄弟开设的天锡、潘盛、桓福、福来四个行店,马安民家的大德行店,崔瑛的福德行店,摆瀛高的德兴行店与恭门镇崔刚开设的太发行店,龙山镇的万生、长发、耕和各

---

① 参见周长城《经济社会学》,中国人民大学出版社 2003 年版,第 190 页。
② 参见周长城《经济社会学》,中国人民大学出版社 2003 年版,第 190 页。

行店等"①。由这些权贵阶层所开设的行店，借助当时国家对此类市场的相关规定，便理所当然地成为貌似税务部门的机构，对市场行使着类似于政府部门的权力。

由于具备了特权所赋予的垄断性，使得行店在这种权力中获得其他行业难以企及的厚利。"行店主都成为拥有巨万资产，千百亩土地的大富翁。张家川地区的许多资本家都是这样发家，越来越富的。凡是开过行店的资本家，没有一个不发财的。"② 当时的行店主在张家川不仅具有显赫的社会地位，更兼具显赫的经济地位。他们一方面经营着当地的商业贸易，另一方面购置了大量良田，经营着自己的庄园经济。如同当时其他地方社会的情形一样，兼有权力和财富的行店主成为张家川社会中一个特殊的阶层。

第二节 布帖与纸帖的发行

布帖和纸帖于民国时期曾一度盛行于张家川，被当地人统称为钱帖子。它们主要是由大行店主带头率先发行，之后其他中、小商号受其影响也加入发行的行列。在一段时间内，由于时局不稳，它们几乎代替了法定货币成为在张家川境内的通用货币。

作为私人行店印行的货币，布帖有油布帖和白布帖两种，一位曾为张家川县政协撰写史志资料的老人对我们讲：

> 油布帖是一种柔软的、呈黄色的布帖，是用比普通书窄一点的白洋布制成的。上面钱的数字有的是用毛笔写的，有的是石印的，比如多少串麻钱，多少个银元，钱的数字多少不等，并写着发行行店的名字。写完后在白布上涂一层桐油，这样，毛笔写的字就不会

---

① 马守礼：《张家川皮毛、布匹集散市场的形成史》，载《张家川文史资料选辑》（第三辑），第56页。

② 马守礼：《张家川皮毛、布匹集散市场的形成史》，载《张家川文史资料选辑》（第三辑），第58页。

褪色，可以防潮防湿，其他人也不能随便涂改。一般的白布帖除不刷桐油外，其他与油布帖相同。（访谈记录20080411 – LSR）

纸帖则是由纸制成的，其大小与布帖相似，只不过上面有石印的花纹和颜色。一般在票面的最上端印有相交的北洋政府五色旗和军旗，并在上下交叉处印有"甘肃清水张家川"或"甘肃省清水恭门镇"等字样，以标识发行商号的地址。在票面上还印着商号名称，及纸帖所代表的钱数，如"凭帖取兑钱叁串文整"，"凭帖取街市钱叁串文整"等，以及字号和纪年，并有"认票不认人，不准挂失票"和"流通市面，谨防假冒"等警示语。①

布帖和纸帖出现的具体时间，很难确定。由于没有具体资料的记载，在我们所搜集到的后人编写的资料中，有诸多出入。在《张家川文史资料》《张家川史话》和《张家川回族自治县工商行政管理志》中，出现了不同的版本，如《张家川回族自治县工商行政管理志》中明确写道："1914年，银币流通市场，张家川镇商号所发行之'油布帖'废止。"② 而在《张家川史话》中，则将油布帖的流通时间定为1917年到1929年。③ 在《张家川文史资料》中则出现得更晚，是1921年。④ 虽然对于其出现的具体年代，已无从考证，但就我们收集到的纸帖，其封面标写的都是"民国十二年"，基本上和后二者是相符的。

布帖和纸帖虽然是私人商号发行的帖票，但是在张家川，其影响面却很广，一度控制了整个市场的金融。综观这些帖票在流通中所充当的功能，大致可分为三个方面，其具体详述如下：

---

① 详情参见马聪《民国时期张家川私人商号的钱帖钱票》，《收藏》2007年第4期。
② 参见张家川回族自治县工商行政管理局编《张家川回族自治县工商行政管理志》，1991年，第13页。
③ 参见黄月云、王柱国主编《张家川史话》，甘肃文化出版社2005年版，第231—233页。
④ 参见马河图《解放前张家川市面上流通的币制》，《张家川文史资料》（第一辑），第78页。

上篇　晚清至民国时期的张家川回族行店

一　充当股票的职能

从现有的资料中可以获悉，油布帖最初是作为一种股票发行于市场的。民国初年，张家川地区的大商号与上海市场有着极为频繁的交易。他们一方面派人将皮货等土特产运往上海销售，另一方面又从上海采购日用百货、布匹等，运回张家川。在与上海商人交往的过程中，他们发现上海商人通过发行股票来集聚资本，扩展生意。面对外来信息的刺激，张家川的行店主作出了敏锐的反应。"张家川的'俊义成'号、'兴盛泰'号亦参与了股票交易，利润丰厚。这两家商号受到启发，回到张家川后，即由'兴盛泰'商号发起并联合40多家商号，向清水县税警局申请发行油布帖票有价证券，参与市场流通。经准许后，成立了董事会，由张家川商会会长摆仙洲、崔英出任董事长。'万胜生'号老板马寿山、'大得昌'号老板马国选、'兴盛泰'号老板李维岳、'俊兴茂'号老板马子林、'俊义成'号老板麻钧等18人为董事会成员。于1917年组建了'张家川兴国钱庄'，下设印钞石印局。注册登记后，按注册资金向国家缴纳税金，并限定股票只准许在张家川境内流通。当年，'兴盛泰'等四大商号开始各自发行票面面额为1文到1000元之间的8种股票，群众称其为'油布帖子'。为了取得群众信任，当年底各商号给持股者将本息一律兑清，股民情愿购买百货、布匹者以货物相抵。由于四大商号信誉极高，帖票流通五年兴盛不衰。"①

由于布帖最初是作为股票发行的，虽然各个行店都有自己的油布帖子，但甲行店发行的油布帖子只能在甲行店兑换，而不能在乙行店兑换，这样，布帖的增值就完全取决于商家的实力和经营。因此，购买布帖者最初选择的都是具备实力的商家。当时的油布帖既可拿钱购买，也可以拿皮毛等土特产进行换购。到了年底，既可以凭帖取出本

---

① 参见黄月云、王柱国主编《张家川史话》，甘肃文化出版社2005年版，第231—232页。

息，也可以凭帖换购所需的货物。鉴于当时国内环境的混乱，货物比钱更惠于百姓。因此，行店通过发行布帖进行着以货易货的交易，从而获利不少，各大商号的得当经营，与此是分不开的。他们不仅为自身积聚了资本，也树立了良好的信誉，为布帖推向市场迈出了关键的一步。如此看来，在当时是穷乡僻壤的张家川发行股票，只有行店主才能当此重任。这不仅仅是因为他们的经济实力，更重要的是凭借他们见多识广的眼光。而发行股票也为一些大商号汇集了大量资本，使他们在短时间内就凭借这些资本，扩充了生意，并在生意中获利不菲。有证可举的是，"四大商号经公路所采购的百货布匹，因价廉物美畅销张家川地区，并有庄浪、华亭、隆德等内地小商贩前来批发或进行交易。五年之间四大商号盈利丰厚，每个商号年净收入银元10万元以上。四大商号都在张家川闹市区购买多处房地产，大兴土木，兴修或改建商号店铺，他们还在城郊购买了连片川地。一时间许多中小商号红了眼，纷纷仿效大户而发行油布帖票，以图牟利"①。

股票的盈利与否和商家的经营好坏密切相关，因此，对于购买布帖的人来说，在期望增值的同时就需要承担一定的风险。到了布帖发行的后期，有的行店因自身经营不善，或者因时局的困扰而亏本，致使其对本行店发行的布帖无力兑现。特别是有些中、小商号，借着政府监管的不力，为了换取资本扩张生意，甚至凭空滥发布帖。由此导致的恶性后果是购买布帖的百姓无法兑回自己的钱款或货物，从而亏本折损成为最大的受害者。

在布帖发行的初期，发行规模较小，仅仅局限于信誉良好的大行店。这些大行店资本雄厚，经营有方，加之借助于布帖的发行，周转资金加大，丰富了地方货物的种类，使地方百姓受惠良多。这一良性效应使得行店主在为自身积聚了大量财富的同时，也使入股的股东受惠良多。初期布帖的发行，一定程度上刺激了地方贸易的发展，进一步扩大了行店经营的规模，尤其是考虑到当时张家川境

---

① 参见黄月云、王柱国主编《张家川史话》，甘肃文化出版社2005年版，第232页。

内的具体情况，即洋行和外地商行凭借着资本的雄厚，处于竞争的优势。那么，大行店联合起来发行股票，也可以视为地方商人力量的一次崛起。

二 充当货币的职能

布帖在最初主要是充当股票，后来也行使了充当货币的职能。在摆家后裔提供的账簿中，记载着："本号：去年存帖子钱四千串文"；"复庆生：十月十八日，借钱一十串文（油帖子），二十八日，收钱一十串文，又借钱二十串文（油布帖），十一月八日，收钱二十串文（油布帖）。"从账目中可以得知，油布帖在当时颇为盛行，其功能已完全等同于货币。那么，行店主发行的钱帖是如何充当了货币的呢？

就外在原因而言，这主要是由于1921年，陇南镇守使孔繁锦在秦州（今天水地区）发行了大量的陇南票子，并铸造了铜砂圆，由此导致货币贬值，物价飞涨。张家川的行店主为了抵制孔繁锦的经济掠夺，加速发行了布帖，在市面上充当货币进行流通，以保值自卫。与此同时，充当货币职能的还有行店主发行的纸帖。"民国十年（1921）前后，张家川的各大商号仿照孔繁锦发行纸币的作法，私人商号也印发了一种'制钱'纸（布）币，票面数值是印刷时留有空格，然后由发行商号按需要填写数字如'壹串文'、'贰串文'、'伍串文'等，盖有商号印章。"① 各大商号发行布帖与纸帖以行使货币的职能，与当时整个国内的金融环境极不稳定有极大关系。

就内在原因而言，人们之所以会选择大商号发行的钱帖而拒绝官方的"陇南票子"，是基于人们对大商号有着绝对的信任。"假定某商人签署的付款字据为某地区的所有人接受，借款人向这位商人提交一份偿还保证，便可得到一张相应数量的付款承诺；借款人以这张付款承诺可以购买自己所需的资源。如果那付款承诺的接受者对此没有

---

① 马河图：《解放前张家川市面上流通的币制》，载《张家川文史资料》（第一辑），第78页。

第二章 行店对地方经济的影响

任何疑虑,商人签署的付款承诺便成为市场上的交换媒介。上述过程之所以出现,是因为人们信任那位商人。"[1] 这清楚地说明了,行店主发行的钱帖能充当货币在市面流通,受到百姓的认可,是基于行店主的信誉而形成的,行店主自身的良好信誉才是钱帖能够充当货币的合法化根据。

布帖和纸帖的发行,就当时而言,在张家川这一局域范围内,基本上完全替代了国家货币的发行。"当时人们可以凭中介人去贷油布帖子,按期计利息还款。"(访谈记录20080407 – MSQ)这足可表征布帖与货币无异。此时各个行店的钱帖子,上面印有"凭帖取街市钱叁串文整","认票不认人,不准挂失票"和"流通市面,谨防假冒"等字样,除此之外,还盖有商号印章。这表示钱帖具有一定的流通功能,但仍局限于发行的行店内,即拥有某行店的钱帖只能在某行店消费。这一时期内,百姓拿着皮毛、药材等货物与行店进行交易时,换取的则是钱帖,因为当时钱帖已完全相当于货币,且携带方便。对于一般百姓而言,他们并不和张家川境外进行贸易,那么钱帖完全可以满足流通之需。这一时期,各大商号凭借着自身信誉发行的钱帖代替了国家法定货币的流通,这对于商家和普通百姓而言,都受惠不小。

然而,到了后期,情形慢慢发生了变化。由于钱帖完全代替了货币,在监督不力的情况下,不可避免的是,各大行店及其他商号大肆发行钱帖。从行店方面来讲,他们收下货物后,抑或由于资金短缺,需以钱帖子代为周转;抑或为了扩大资本,把帖子发出去,省下货币资本加以扩充货源。因为钱帖只限于张家川流通,而他们从天津、上海等地进货的时候,钱帖是行不通的,必须用法定货币才能成交。基于以上原因,行店主更乐意以钱帖交易百姓的货物,或故意在付账时不付全额现金,而是夹带一些钱帖子。行店主手中握有巨大的资源,使很多与行店交易的人不得不屈服于他们的条件。钱帖充当货币发行

---

[1] [美]詹姆斯·S. 科尔曼:《社会科学理论的基础》,邓方译,社会科学文献出版社1999年版,第217页。

的初衷本来是为了与不稳定的大金融环境相抗衡,但到了最后,"张家川私人商号为了各自贸易的需要和解决钱荒的困扰,加之对孔繁锦经济掠夺的抵制,各家商号先后发行了大量的钱帖钱票。特别是民国10年(1921年)前后钱帖钱票发行量最大,发行商号也最多,一些名不见经传的小字号如存盛德、万顺祯、玉成祥等商号都发行了一定数量的钱帖钱票"①。无限度的滥发钱帖最终导致了张家川境内金融秩序的混乱,尤其是随着部分行店的倒闭,钱帖更是陷入了挤兑的狂潮与没落之中。

三 充当保值的购物券

在流通领域中,行店主除了发行钱帖充当货币以外,还就当时的特殊情况,发行了相当于保值购物券的帖票。这些帖票视当地百姓的需要包括盐票、布票、米票等,如"'俊发源'商号和'马彦盛'货栈发行油布盐票","马鹿的'王庆祥'商号和'万盛货栈'、'万一堂'等大户也印制了油布帖票或米谷帖子"等。② 通过发行保值帖票,行店主仍然能够获取厚利。其获利的具体方式为,在发帖和收帖时双头收取手续费,如"马彦盛"货栈发行的油布盐票,"由骆驼帮运来大量食盐、土硷,以货抵票。放票时,收取10%的手续费,兑票时又收取贴息费10%,这样两头取利,赚了不少钱。'马彦盛'接着购买了城南土地40饷,办起了张家川唯一的一处骆驼场,生意更加兴旺"③。虽然美其名曰"保值",但在收取了10%的手续费和贴息费之后,保值的钱帖就上浮了20%,这等于变相地抬高了物价。然而,由于市场物资奇缺,供不应求,在以卖方为主导的市场前提下,百姓只能无条件地接受。因为相比于物价的飞涨,行店主所发行的保值钱帖就成为人们的理性选择。

在外界物价飞涨的刺激下,保值钱帖的市场不断扩大。随着以行店

---

① 马聪:《民国时期张家川私人商号的钱帖钱票》,《收藏》2007年第5期。
② 黄月云、王柱国主编:《张家川史话》,甘肃文化出版社2005年版,第232页。
③ 黄月云、王柱国主编:《张家川史话》,甘肃文化出版社2005年版,第232页。

主为主体势力的带动,其他商号也加入了发行保值油布帖的行列,"恭门镇'万顺当'当铺和'保盛堂'药房也相继发行了保值油布帖"①。

　　布帖和纸帖无论是充当股票、货币还是保值购物券,其最初发行的目的都既是为了积聚资本、扩大经营,也是为了保值自卫,稳定张家川境内的金融环境。无论是何种目的,都要求其发行的行店具备相当雄厚的经济实力和较好的信誉。然而,在厚利的驱使下,有些中小行店和其他商号为了一己私利,完全不考虑自身的条件滥发钱帖,从而导致了所发行的钱帖超出了自身的承担力。在中小商号纷纷跟风的情况下,钱帖的发行泛滥成灾,不仅失去了最先的初衷,而且扰乱了地方金融秩序。这种情况受到了国民党清水县政府的关注,"清水县政府曾颁发布告,强令各商号限期将油布帖票本息向民众兑换清楚,以减轻老百姓负担"②。在强令兑现的过程中,一些商号由于入不敷出,纷纷倒闭,"其中发了大财的仅有5户,有30多户勉强持平,有9家字号彻底破产,接着'兴国钱庄'也宣告倒闭"③。虽然钱帖的发行随着政府的强行干预而终止,但在其中,我们不难发现,行店势力对地方金融操纵与掌控的能力。以这一时期而言,行店不再仅仅是一般的贸易中介商和中间商,而是能够对地方经济呼风唤雨的龙头。

第三节　洋行影响下的行店发展

　　19世纪40年代以来,中国先后经历了两次鸦片战争。英、美、俄、法、日、德等国通过战争在政治、经济方面取得了种种特权。基于此,外国商人在瞄准了西北地区的羊毛、皮张等土特产后,便大举进入甘、青、宁等地,开设商行,进行贸易,张家川也成为洋行的驻扎点之一。洋行介入张家川地方经济的同时,也催生了行店的出现,

---

①　黄月云、王柱国主编:《张家川史话》,甘肃文化出版社2005年版,第232页。
②　黄月云、王柱国主编:《张家川史话》,甘肃文化出版社2005年版,第233页。
③　黄月云、王柱国主编:《张家川史话》,甘肃文化出版社2005年版,第233页。

上篇　晚清至民国时期的张家川回族行店

并在行店与地方经济的关系中，扮演了重要的角色。在张家川扎过庄的洋行，有史可载的有下列诸家，参见表2-2:①

表2-2

名称	国籍	总行所在地	收购人	备注
仁记*	英国	天津	中国籍买办	（1）驻入最早时间：1880年，"仁记"第一扎庄 （2）撤离最迟时间：1926—1927年
平和*	英国	天津	中国籍买办	
新太兴	英国	天津	中国籍买办	
怡和*	英国	天津	中国籍买办	
古宝财	俄国	哈尔滨	古斯特（1911），后为天津买办	
德太*	德国	天津	中国籍买办	
美最时	德国	天津	中国籍买办	
慎昌	美国	天津	中国籍买办	
永兴	法国	天津	中国籍买办	
春天茂	日本	天津	中国籍买办	

　　从上表中不难发现，民国前后，洋行在张家川的扎庄盛极一时，它反映了当时作为皮毛集散地的张家川，在中国对外贸易史上的重要性。美国学者詹姆斯·艾·米尔沃德认为，"在西北羊毛贸易史上，最重要的羊毛收购运输中心包括甘肃和青海的肃州……河州……兰州，天水，张家川……石嘴山……这些收购和运输中心，大都是回族商人积极活跃过的地方"②。同时，他的文章也表明，虽然洋行在甘肃扎庄的地点很多，但无论是省府兰州，还是著名的皮毛产地河州，抑或石嘴山，它们所分布的洋行数量与其参与的国家数量都不能与张

---

①　表中标*的洋行为入境较早和活动时间较长的。此表是参照马守礼《帝国主义洋行在张家川的经济侵略》，载《甘肃文史资料选辑》（第八辑），甘肃人民出版社1980年版，第178页；《张家川回族自治县工商行政管理志》，1991年，第13页；[美]詹姆斯·艾·米尔沃德《1880—1909年回族商人与中国边境地区的羊毛贸易》，李占魁译，《甘肃民族研究》1989年第4期等整理制定而成。

②　[美]詹姆斯·艾·米尔沃德：《1880—1909年回族商人与中国边境地区的羊毛贸易》，李占魁译，《甘肃民族研究》1989年第4期。

第二章 行店对地方经济的影响

家川相比拟。以这一时期而论,在洋行对张家川的渗透过程中,不仅仅是洋行的繁荣期,同样也是张家川贸易的繁荣期,虽然后者的繁荣依赖于前者。与此同时,作为洋行与地方贸易的衍生物——行店,其出现则进一步加速和扩大了洋行对地方经济的影响。

由于洋行的总部大多设在天津,距张家川遥远,加之交通不便,因此外国商人中,除了俄国的古斯特于1911年在张家川待了一年,之后再无其他外商亲自扎庄。他们采取雇佣买办的方式,在当地收购皮毛。洋行派来的买办多是天津人,不谙当地情况,为了便于收购并对皮毛的质量进行勘定,往往选取当地人从中周旋,因此,作为中介的行店应运而生。与此同时,这一时期的洋行基于特权和自身雄厚的资本,成为行店的垄断买家,行店的活动特征势必被洋行所规划。正是在此意义上,要探讨这一时期行店与地方经济的关系,必须要通过探讨与其缠绕在一起的洋行对地方经济的影响而获得。这种影响主要表现为:消极方面的影响和积极方面的推动。

消极方面的影响具体表现为:

第一,不等价交换。行店作为洋行和商贩之间的中介,要负责为洋行收购大量的皮毛,同时将洋行付给的货币或者货物,交给皮毛商贩去牧区收购皮毛。由于当时西北地区交通不便,工业落后,地处偏僻的牧区百姓的日常用品极端匮乏。因此,较之于货币而言,货物则更受欢迎。"张家川地区出售的皮毛,主要依靠肩挑贩运,由海原、固原、西吉、隆德、会宁、靖远、通渭、定西、洮州、岷州、河州以及宁夏、青海境内运来。在这些穷乡僻壤的地区,居民居住零散,距离集市遥远,他们需用的布匹杂货,经常依靠所生产的皮毛进行兑换。凡去上述地区收购皮毛的小商贩,拿上布匹杂货兑换皮毛,比拿上现钱收购容易。因此皮毛商贩又以携带布匹杂货为其进行皮毛交易必不可少的物资。"[①] 极端的贫困为皮毛和布匹杂货的不等价交换提

[①] 马守礼:《张家川皮毛、布匹集散市场的形成史》,载《张家川文史资料选辑》(第三辑),第54页。

供了机会。当时的英国官员艾瑞克曾在游记中描述到,他们"在兰州喝完从外地购买的一箱啤酒后,卖空玻璃瓶所获的收入都足以超出原先购买啤酒的价格"①。兰州如此,其他边远牧区就更不待言。正是对于布匹杂货的极端需求,"以至于出现洋货和土货交换很不合理的现象,尤其在牧区的以物易物交易,在今天看来十分滑稽。如一包火柴换一只绵羊,一对瓷碗换一只绵羊,一匹布(合20米)换12只绵羊等"②。这种不等价交换对于边远地区而言,是极不平等的交换,而对于洋行来说,则成了谋取暴利的极好方式。

第二,赊购和预购。洋行利用当时国内的交通不便和其在对外贸易上的优势,在羊毛贸易中赚足了差价。鉴于洋行当时在甘肃各地的羊毛收购价大致雷同,我们以当时洋行在河州的收购价格和天津的售出价格为例作一对比③,就可以大致获得洋行在张家川的获利情形:

表2-3

时间	收购价格(单位:百斤)	售出价格(单位:百斤)
清末	一两八钱白银	三十两—四十两
民国初年	二两七、八钱	
民国三年	三两—四两	
民国七年至九年	七两—八两	五十两—七十两

由此可见,洋行的获利将近10倍,甚至更多。基于如此大的利润空间,洋行对皮毛的需求量大增。由于当时的政府不仅无力监管洋行,还为其提供诸多特权,因此洋行在资金有限,而需求量又不断上涨的情况下,开始以赊购和预购的方式收购皮毛。其赊购的方式是,"洋行购买皮毛,来时不带现金,也不带货物,只凭一纸空头汇票,

---

① Eric Teichman, *Travels of a Consular Officer in North-West China*, London: Cambridge University Press, 1921, p. 117.
② 参见邓慧君《甘肃近代社会史》,甘肃人民出版社2007年版,第79页。
③ 参见秦宪周《帝国主义洋行在河州等地"收购"羊毛》,载《甘肃文史资料选辑》(第八辑),甘肃人民出版社1980年版,第176页。

第二章 行店对地方经济的影响

无限额的大购大买。……把皮毛商贩的皮毛用欺骗手段买下后，仍用'拨、兑、借'的办法，日推一日不付价款。等到把皮买齐起运，去到西安、天津利用汇款买成货物回来，赚足利钱，才给卖皮商贩以货抵价，致使许多商贩债息重叠，叫苦连天"①。而其预购的方式则是，"有时，洋行采取预购办法，大张旗鼓地招人预购，每个洋行预购皮毛，往往达到几十万元（银元），以致在皮毛商贩拉上高利贷把皮毛买来，忽然借口洋庄跌价，勒住不要，弄得商贩叫苦连天。如民国六年新太兴洋行，以每十斤七钱二分银子的价格，预购值二十多万元的山羊板皮，商贩买来以后，又借口洋庄跌价，勒住不要，以后竟以每十斤二、三钱银子的价格大量收购。也有时预付现款，但价格要比市价低出三分之一以上"②。之所以要低出市价的三分之一以上，洋行的借口是为了弥补他们预先付款的损失。③

鉴于当时国家对于洋行在市场中贸易行为约束的失控，行店仅仅作为市场中的贸易主体，根本无力对洋行的行为作出约束。加之洋行惊人的购买力，使得行店的经营也不得不依赖洋行。洋行采用赊购和预购获得暴利的前提，是以广大皮毛商贩的盈利牺牲作为代价，同时也是以行店抽佣的减少作为代价。这是因为，对基于成交总额的一定比例来抽取佣金的行店而言，商贩成交额的减少直接意味着行店佣金的减少，情形同样是不利的。但是相比于洋行的势力及其购买力，行店同广大皮毛商贩一样，并没有讨价还价的资格。

第三，"三联单"的免税特权。洋行除了在贸易中以不平等的方式盈利以外，还利用当时政府的支持，在内地享有免税的特权，而这种特权的享有无形中为其制约行店的行为提供了条件。"民国二十一年（1932年）之前，张家川通外地的交通堵塞……输出者多系外商，他们

---

① 马守礼：《张家川皮毛、布匹集散市场的形成史》，载《张家川文史资料选辑》（第三辑），第64页。
② 马守礼：《帝国主义洋行在张家川的经济侵略》，载《甘肃文史资料选辑》（第八辑），甘肃人民出版社1980年版，第180页。
③ 参见马守礼《帝国主义洋行在张家川的经济侵略》，载《甘肃文史资料选辑》（第八辑），甘肃人民出版社1980年版，第180页。

| 上篇　晚清至民国时期的张家川回族行店 |

手里拿着由他们国家领到的所谓'练单'①，在我们国内可以不交厘金，脚户运输时在一帮驮队的头一个骡马驮子上，插着外国旗子，享有特权，中国人不敢过问。"②洋行拥有不纳国税的权利，而本土商人却没有此种特权。相比于洋行由西向东的运输，本土商人除了道路的艰辛以外，还要遭到层层税收的盘剥："清宣统三年起（1911）……皮货从秦安驮运起程……首经张川局卡，全部卸货，逐担（一担120件240斤）查验，每担交纳甘肃厘金7两银，皮毛税24两银，经送礼说情，始准放行。税卡人员称皮货为'唐僧肉'，可见油水之肥。路过凤翔，每担交纳陕西税20两银。过潼关，逐件验货验票，每件交纳河南百货税和统捐24两银。奔到河南观音堂，驮运结束，改乘铁路运输，货物送交联络铁路运输的元顺成或刘万顺（懂外语）等行栈，申报海关税，每担纳银4钱。……经过26道关卡，关关验票，卡卡索款，大的有四道六税，零碎、杂支繁多，由秦安到观音堂，仅保镖运费、海关税和铁路运费三项，每担耗银一百六、七十两。"③

从上述引文中我们不难发现，各地税卡对于皮货盘查之严，税额之重，使之成了西路来的"唐僧肉"，卡卡皆可厚而取之。也正是此种原因，洋行"三联单"的免税特权就使得本国商人十分羡慕，并成为这一时期行店与洋行交好的主要原因之一。"洋行购买皮毛，享有内地免税特权。本国人贩卖皮毛，每经一省要缴纳一次地方税，以贩卖羊皮为主的顺德客商，也往往拿着洋行免征内地税的三联单进行贩卖。"④行店在和洋行结合的过程中，也可以趁机打着洋行的招牌，在向外地输送皮货的时候，不仅享受免税的特权，而且还会受到地方政府的保

---

① 应为"联单"，即三联单。
② 麻钧、马辅臣口述，王文业整理：《张家川皮毛业发展简史》，载《张家川文史资料》（第一辑），第24页。
③ 参见《秦安县商业志》，内部资料，1992年，第41—42页。虽然这一段讲的是从秦安去上海的关卡，但因张家川是秦安皮毛向东运输的第一卡，所以我们也可以将这段视为描述从张家川向东运输皮货时的税收情况。
④ 马守礼：《张家川皮毛、布匹集散市场的形成史》，载《张家川文史资料选辑》（第三辑），第63—64页。

第二章　行店对地方经济的影响

护。虽然，当时国内对皮毛的税收之重已达到极不合理的程度，但是，"三联单"的免税特权造成的后果则是完全的不纳税，这种严重的偷税漏税，直接影响了地方和中央政府的财政收入。

还有一点须要指出，相比于本国的外地客商，洋行资本庞大，需求量大，几乎垄断了整个张家川市场，因此洋行的需求成了当地的经济杠杆。不仅仅是行店主需要考虑洋行的需求，其他行业的人们为了迎合洋行的需求，获取微薄的利益，有时甚至不惜"杀鸡取卵"。"洋行买皮则必须适合洋行标准。他们最讲究'云板'①，有些人竟然大宰胎羊，从腹中取出云板。往往在宰杀胎羊之后，发现有的羔羊还未长毛，或毛大接近羔皮，因而一举两失。又如本国人对于羔皮、猾子、山羊皮等，有则买，无则不强求。因为这几种皮子都不是取暖必需的东西，因此在国内销路不大。洋行则专门收购这几种皮子。有些人为了适应洋庄需要，就成群地大量宰杀羔羊、山羊，每天宰杀的羊堆积成山，张家川屠户为卖山羊板皮，曾将所宰杀的山羊肉每个全羊卖到四、五角钱，但有的还卖不出去，以致腐臭丢弃。"②

鉴于受特权的保护和雄厚资本的支撑，当时的洋行成为操控张家川皮毛市场运转的主角。这一时期，行店对洋行的依附性较强，表现为：第一，对洋行特权的依附。洋行不仅受到了当时政府的支持，而且与地方官僚建立了密切的关系。虽然从直接的史料上，我们没有搜寻到有关洋行与张家川地方官员密切关系的描述，但是洋行在甘肃其他地区的史料记载却可以作为我们的参考。如入驻张家川的英国新太兴洋行，同时也进驻了甘肃的其他地方，对于这一洋行在其他地方经济活动中的考察，我们发现，该洋行经济行为的背后离不开政治力量的支持："洋行派到甘肃的经理人称老板，他们是天津洋行大买办的代理人……新太兴洋行驻兰州的老板王三爷（名不详）结交兰州的各级官僚，门前常有绿呢大轿停留，每日宴会必有名妓佐酒，打麻

---

① 未届生育期而流产的羔皮，毛比羔皮小。
② 马守礼：《帝国主义洋行在张家川的经济侵略》，载《甘肃文史资料选辑》，（第八辑），甘肃人民出版社1980年版，第179页。

将,吸大烟,挥霍之大,各官僚都不能比。新太兴洋行驻河州的老板张华农,天津人,交结地方官绅,宴会享乐,备极豪华。洋行所用器具都是很精美的进口货,服装讲究,每日三换,终年有缝工在洋行做衣服。"[1] 从以上新太兴洋行的案例中,我们可以得知,对于洋行来讲,和地方官僚处好关系是贸易顺利进行的前提,张家川的新太兴洋行自然也不可能例外。这种关系所带来的好处可以通过洋行转移给其贸易链上的一环——行店,并且由于当时政府对于洋行生命财产安全保障的承诺,及其免税特权的赋予,这些都使得行店通过依附于洋行从而达到免税和保护自身财产的目的。特别是向外运输货物的时候,只要有洋行的标志就可以不受各地税局人员的盘查和侵扰,一路畅行。因此与洋行做生意,不啻为自己多加了一顶保护伞,所以行店会千方百计和洋行处好关系。第二,对洋行雄厚资本的依附。洋行派出的买办,其生活之奢华,连地方官僚都不能与之比拟。可以想见,洋行在贸易中的经济实力。在张家川,洋行正是凭借着雄厚的资本垄断了整个皮毛市场,成为皮货的主要购买商,作为中介商兼中间商的行店,要想获得厚利,自然不可能离开洋行这一大主顾。尤其是洋行给行店提供的货物和现款,都极大地刺激了行店业务的扩大。

另外,须要指出的是,洋行在张家川发展的过程中,也不得不依附于地方行店。虽然洋行在张家川的驻足早于当地行店的产生,但是自从地方行店兴办之后,洋行更多的生意则是通过行店这一中介来完成的。就洋行而言,虽然派遣了本行的买办,但对于皮毛质量的定夺,则更需依赖行店来把握;与皮毛商贩的关系,也需行店从中维持。对于当地的皮毛商贩而言,他们更倾向于和作为自己人的行店主做生意,而不是和外地的买办去打交道。作为洋行的买办,更信赖具有一定家资和社会地位的行店主而不是贫苦的皮毛商贩。因此,他们之间就必须以行店为中介进行交易。正是因为有了皮毛商贩和洋行买

---

[1] 秦宪周:《帝国主义洋行在河州等地"收购"羊毛》,载《甘肃文史资料选辑》(第八辑),甘肃人民出版社1980年版,第177—178页。

第二章　行店对地方经济的影响

办的信任，行店主才能在交易的过程中实现一系列的变通以促使交易的顺利完成，如：洋行的赊购必须通过行店主向商贩进行担保才能实现；而洋行预付现款让皮毛商贩进行收购时，也必须由行店主为商贩介绍和担保。可以说，行店在洋行和皮毛商贩之间不仅仅充当着贸易的中介，同时也扮演着担保人的角色。

不可否认，受着特权保护的洋行与行店的彼此借助，对地方经济的确造成了一定程度的消极影响，但同时也必须承认，它们对地方经济也有积极的贡献。

其一，刺激了地方的商业活动。清末民初，西北地区的发展极为落后，几乎没有商业贸易，后来闻名遐迩的羊毛贸易还没有被开发。1879年，一位名叫"葛秃子"的人受天津英商的委托，只身来到西北做贸易潜力的调查。在石嘴山，他发现当地的居民用羊毛来沤粪，当询问为何不将其销售以获利时，当地人的回答是他们卖不出去。由此，葛秃子在西北率先挂起了高林思洋行的招牌，从事羊毛贸易。[①] 对于当时的西北地区而言，羊毛贸易的出现成为商业贸易的先声。"近代商业肇始于羊毛贸易。鸦片战争以后，资本主义的近代商业开始萌芽，西北丰厚的羊毛资源吸引了平津的洋商，他们携款纷纷前来从事羊毛贩运。……买办和洋商的到来，刺激了所到之处的商业活动。"[②]

虽然张家川并非羊毛产地，但其显要的地理位置及回族人的善于经营，使其也被卷进了羊毛贸易的体系之中。洋行进驻张家川，开辟了张家川对外贸易的历史，同时促成了本地行店的兴起。在洋行和行店的共同作用下，张家川的皮毛市场日益繁荣，因而"吸引了河北、山西、吉林、辽宁、黑龙江、山东、河南、湖北、陕西、青海、宁夏、甘肃等省及呼和浩特、包头、张家口、天津、南京、武汉、成都、重庆等城市的一些皮毛商，他们驻扎在张家川、龙山各皮店收购皮张，

[①] 参见刘廷栋《帝国主义洋行在石嘴山》，载《宁夏文史资料》（第十辑），第182页。

[②] 邓慧君：《甘肃近代社会史》，甘肃人民出版社2007年版，第72页。

随购随运"①。这促成了"张家川皮毛市场在初期发展阶段就商贾云集,人流如潮,每逢集日买卖成交额一般都在 10 万银元以上"②。可以说,地方商业的繁荣发展一定程度上要归因于洋行和本地行店的经营活动。

即使 1927 年以后,"因兵荒马乱,道路不畅,洋行便不再直接派人来扎庄,而是依靠河北、河南、陕西各省和张家川本地行店,将皮毛贩运至天津,就地收购"③,在此种情况下,本地行店仍然利用洋行曾经带来的影响,一直保持着对天津、上海等东路贸易的优势。

其二,丰富了地方民众的物质生活。行店在与洋行进行贸易的时候,往往是双向的盈利。即一方面向外输出皮毛,一方面又输进边远地区民众所需要的日常工业用品,这些货物的输入丰富了当地民众的物质生活。此种情况不仅局限于张家川,在当时的整个西北地区,几乎都存在类似的现象。"洋商和买办一方面把物美价廉的羊毛收购运输到外地,另一方面又向西北输入资本主义机器工业生产的日用品,民间称为洋货,以玻璃、钟表、布匹、火柴、毛巾等为大宗。"④ 当时的张家川,也成为洋货销售的场所。在"霖发祥"的账簿上记载了一些出售的货物⑤,其中就包括洋布、洋靛、洋蜡等。

在洋行介入张家川地方经济的时期,无论是行店的产生与发展,还是行店的运行模式,都深深地与洋行交织在一起。正是由于这一时期的贸易,提高了张家川作为一个皮毛集散市场的知名度。因此,"回忆洋行扎庄张家川收购皮毛的历史,我们将把它看作是外国洋行发给张家川的一个具有时代特色的'黄金名片'"⑥。这并不是一句夸张之词,即使在 20 世纪的最后几年,张家川仍是西北最大,全国第

---

① 张家川回族自治县地方志编纂委员会编:《张家川回族自治县志》,甘肃人民出版社 1999 年版,第 524 页。
② 黄月云、王柱国主编:《张家川史话》,甘肃文化出版社 2005 年版,第 235 页。
③ 黄月云、王柱国主编:《张家川史话》,甘肃文化出版社 2005 年版,第 240 页。
④ 邓慧君:《甘肃近代社会史》,甘肃人民出版社 2007 年版,第 72 页。
⑤ 该账簿由李维岳二哥的晚辈提供,账簿上有"霖发祥"商号的印章,是规模较大的商号。
⑥ 黄月云、王柱国主编:《张家川史话》,甘肃文化出版社 2005 年版,第 241 页。

二的皮毛集散地，不能不说与这段时期的特殊历史有必然的关系。

本章结束之余，有一点思考。鸦片战争后，洋行不仅介入了西北的经济，而且对全国的经济进行了扫荡。但是，相比于国内其他地方的行店主，张家川行店主的反应似乎慢了一拍。"广东人受十三行贸易体制的影响，得风气之先，与国内其他地方相比，他们和外国商人接触的机会最多，不少人做起了买办、通事。"[①] 后来随着洋商进驻上海，很多广东人也同时挤进了上海的经济圈。相比于积极进取的广东人，张家川行店主在拥有了行店的贸易体制之后，却没能将其脚步踏入经济的中心地带。如果说，这是由于地缘的影响，张家川离上海太过遥远，兼又不是通商口岸，他们自然没有广东人的天时地利去接触洋商。这些理由似乎都存在，然而却经不起推敲。因为我们知道，张家川人是把生意做到了上海的，他们一开始就把眼光瞄准了上海、天津等繁华的经济地带，他们在那儿不仅赚足了钱，大开了眼界，为张家川带回新鲜的货物，而且还学会了发行股票。应该说，他们对于上海并不陌生。同样，张家川虽然不具备广东的地利，行店主不能如广东人那样和洋商进行广泛的接触，但洋行在张家川相当长时间的经济活动，买办频繁往来的收购，也足以证明当时行店主对外贸易经验的成熟。然而张家川的行店主却没能做好通过洋行向外拓展的准备，没能挤进上海、天津等重要港口的经济中心。固守一隅，这不但限制了他们发财的路径，同时也阻挡了他们原本可以放得更大的眼光。更为重要的是，地方经济模式的发展具有连贯性，这是否预设了行店在后来的发展路径呢？

---

① 马学强：《江南席家——中国一个经商大族的变迁》，商务印书馆2007年版，第68页。

第三章

行店的资金流向

晚清至民国这一时期,行店的资金流动异常活跃。就流向领域而言,不仅局限于生意场中,而且也包括日常生活。在对这两个领域进行梳理与检视后,我们发现,在资金流向的表象背后,其实是一部社会史的暗流涌动。

第一节　行店主之间的融资方式

在商界里,有的人缺失起步的资本,有的人缺失周转的资本,即使再游刃有余的商贾,也总会遇到资金短缺的情况,而往往利用已有的人脉关系来化解危机不失为一种解决策略。通过对张家川的实地调查发现,晚清至民国时期,回族行店主通过社会关系网络解决资金短缺的方式有二:其一为亲族间的互助,其二为非血缘关系的互助。

其一,亲族间的互助。亲族间的互助,我们又可将其细分为本族的支持与姻亲的支持两部分。在一个信贷体系不健全、不稳定的社会里,以血缘为基础的宗族间的资金互援或是以婚姻为基础的姻亲间的帮助,往往是获得资金支持的一条重要途径。

一是本族的支持。"霖发祥"商号的主人和"兴盛泰"商号的主人李维岳是亲兄弟,前者在家排行老二,后者为老三。在"霖发祥"的账簿上,我们清楚地看到"兴盛泰"的借款记录。"全月(腊月——引者注)初九,借洋元三百五十块","全月十二,借洋元二百块","全月十五,借洋元三十八块","又借洋元三百块","又借洋元三百六十块",等等。之后还有几笔借账,由于账簿缺损,不可再读。即使只有这么几条简单的记录,也让我们发现了"兴盛泰"向"霖发祥"借款的一些特点:在很短的时间内,频频借账,且又数目很大;在每借一笔款后,都有陆陆续续的还账记载,金额从几块到几十块不等,基本上呈一种整借零还的状况。如此优厚的借、还待遇,使我们不得不联系两个商号主人间的关系来进行理解。

这一兄弟之间互相帮助的个案显示:行店主在资金短缺的情况下,家族的支持是获得资金来源的一条重要渠道。然而,无论从资金还是人员上来讲,家族的支持毕竟是有限的。

二是姻亲的支持。唐力行先生在提到徽州商人妇的社会功能时指出,徽州的商人妇为徽商提供的原始资本可细分为三类,位居第一者是嫁妆。[①] 他指出,凭借娶妻而获得起家的资本是很多商人采取的一种方式。

在张家川,"德兴店"的主人摆瀛高,其家族的商业正是通过与李得仓家族的联姻实现的。摆瀛高弟兄三个,长兄摆青高,次为摆瀛高,最小的是摆登高。他们弟兄在民国时期都积累了厚实的家业,并且摆瀛高还曾担任过张家川商会的会长。之所以能够这样,除了他们自身的经营有方外,还源于他们从父辈手里继承了大量的商业资本。而这资本最终的源头应归根于他们的母亲是李得仓的女儿,李家的女儿下嫁摆家,带给摆家的不仅是荣耀,还有财富。据摆家的后裔讲:"当时摆家三兄弟的父亲被'十大号'雇佣,为人正直,精明能干,其人品被大帅喜欢,李得仓作出决定,把女儿下嫁摆家。"(访谈记录20090506 - BJW)无论李、摆两家联姻的机缘如何,正是这样一桩婚姻,为摆家的经商之路做了很好的铺垫。在张家川流行一句口头禅,"别人家陪的是绫罗绸缎,李大帅陪的是沿街门面"[②],这儿的

[①] 参见唐力行《商人与中国近世社会》,商务印书馆2006年版,第140—141页。
[②] 此处的"门面"是铺面的意思。

"陪"就是陪送嫁妆的意思。摆家的后裔甚至认为:"李得仓将'十大商号'的一半都给女儿做了陪嫁。"(访谈记录20090506 - BJW)无论怎样,它显示了李家嫁女与摆家起步之间的必然相关。至今,在摆家的后裔手里仍保留了据说是李得仓嫁女时所陪嫁的枕顶。其绣工精美,颜色鲜活。

图3-1 枕顶

李、摆两家的联姻不止于此,在摆青高一辈,李得仓的孙女又嫁给了摆瀛高,至今李家后裔回想当年去姑父摆瀛高家做客时的情形,仍觉得"摆会长家的气派很大的"(访谈记录20080404 - LHZ)。这里需要说明的是,摆瀛高这时任清水县商会张家川镇分会的会长,这一分会成立于民国十三年(1924年),设有正、副会长各一人。商会的职责主要是协同县政府财政科营业税办事处、税捐稽征处管理市场,是在地方工商业方面有一定基础和权威的社会团体,属于半官方性质。自从成立至抗日战争胜利,正会长一直由摆瀛高担任,会址就设在中街摆瀛高的皮行。① 因此，老人儿时记忆中的"气派很大"表明了，当时摆家的富有已远非父辈所能比拟。从摆家后裔提供的资料来看，摆瀛高的弟弟摆登高年轻时在北京颐和园身着长袍的相片、天津日租界身着长袍马褂的相片，均向我们显示了其家庭在当时的富有与时尚。因此，这时候摆家的聘妻考虑的则完全是亲上加亲和门当户对而已。即使这时候李家的女儿再带来丰厚的嫁妆，于摆家而言只不过是锦上添花而已。

两代联姻，李、摆两家关系非同一般。有证可表的是：李家和摆家的坟墓近在咫尺，直至今日，李、摆两家的后裔仍有来往。摆家如果有人去世，李家则以娘舅的身份出现。我们不难想象，基于这种亲密关系，两家之间的商业互助、资金共融应当也在情理之中。

不止于此，张家川大户联姻者比比皆是②。如：李得仓的孙儿媳，是南川道堂创设者马进西的女儿，而李得仓的孙女又嫁给了马进西的八儿子。摆青高的儿子摆珍的第二夫人是苏二少（苏尚达的次子）的女儿，摆瀛高的第四子（摆元）娶的是马桓武的侄女，而摆登高的女儿又嫁给了"万盛生"号的主人。"兴盛泰"的主人李维岳的第一夫人是西关的摆家，是一个军官家庭，人称摆连长，属于当地的大户，二夫人是马进西的孙女（马进西四子的女儿）。李维岳长子的第一夫人是大户人家肖家的女儿，第二夫人是袁川大户，人称"西北侯"的杨家的女儿。从我们对晚清至民国时期相关资料的搜集中发现，行店主在联姻的时候，以门当户对为条件。

如此错综复杂的婚姻圈，连接成一个庞大的关系网络。这种选取婚姻的方式无疑促进了各大商号资本的融合，正如有学者指出的，"任何一个社会，婚姻都是门当户对的，这不仅在于他们相似的经济与财富地位有利于家庭的稳定，而且对于政治家和商人而言，通过姻亲可以形成超出血缘关系的更大家族集团，实现互相之间的帮助，

---

① 参见张家川回族自治县工商行政管理局编《张家川回族自治县工商行政管理志》，1991年，第52—53页。
② 有关大户联姻的情况皆是通过对相关人士后裔的访谈获得。

实现共同强大"①。然而，我们必须要看到，这种以婚姻来促进资本的融合，仍然是有限的。这种有限须以其他社会关系的互助来进行弥补。

其二，非血缘关系的互助。亲族间的互助固然重要，局限性也非常明显。而非血缘关系的互助作为亲族互助向外拓展的一种方式，一定程度上弥补了亲族互助的不足。在当时的张家川，非血缘关系的互助主要包括两种方式：一是请会，二是直接借款。

一是请会。在生意中遇到资金短缺的情况时，行店主除了通过亲族之间的支持获得帮助，还往往采取"请会"的方式来解燃眉之急。"请会"是民间的一种互助借贷方式，不仅仅局限于张家川，在甘肃的其他地方乃至全国的其他省市，都曾经存在过类似的融资方式。②张家川的"请会"主要包括以下几个步骤③：先是由借款人向好友主动发出邀请，后者以现金的方式资助借款人，最后款项由借款人按照约定的期限分期归还。在这里，需要筹资的人，叫"会东"，而被邀请的人则叫"随会者"。其具体操作的程序是："会东"事先计算好所需资金的总数及拟约请的人数，如：请16个人，每人出20元，可共得320元，然后亲自上门约请或发帖邀请"随会者"。因为这些"随会者"大多是经过"会东"的精心挑选，且"会东"是凭着家族和个人的信誉发帖邀请，所以一般不会遭拒。当然对于"会东"而言，这也是有义务的，即当别人请会的时候，自己也必须前去，否则等到自己下次再"请会"时，就没有人来赴会。

等"随会者"在约定的日子上门送款时，"会东"要邀请大家吃一顿，从"随会者"带来的钱中抽取出一部分，作为第一次的请客费。每次"随会者"人员不固定，但都是和"会东"关系较好的人。

---

① 梁小民：《小民话晋商》，北京大学出版社2007年版，第285页。
② 参见邓慧君《甘肃近代社会史》，甘肃人民出版社2007年版，第235—236页；江枫《老北京的"请会"》，《工会博览》2001年第24期。
③ 关于"请会"的内容，主要基于对MSQ、LZH和LHS等几位年长者的访谈综合整理而成。

第三章 行店的资金流向

"请会"所借款项,借期为几个月到一年,分若干次还完,不需付利息,但在每次还钱的时候,"会东"都要请客,那时请客都在自己家,雇请县城最好的厨师。如果"会东"生意破产,借的钱无力偿还,"随会者"也不再追究。

由于张家川回族商人彼此守信,也由于"请会"这一融资方式手续简洁,整借零还,极大地方便了借款人从事商业经营,从而使得"请会"在当时特别流行。这样的一种融资方式一般要考虑以下几点:

(1)"会东"的人品:"请会"能够在民间延续的根本,在于商人间的彼此守信。特别是对于借款人而言,其人品的好坏是决定"请会"能否成功的关键。由于"请会"所借款项不付利息,而且一旦"会东"生意破产,无力偿还债务时,"随会者"也不能追究。这种民间的约定规则使得"随会者"在参会时,首要考虑的就是"会东"的人品。一个有信誉的大家族一旦遇上败家之子,他是无论如何也邀不来"随会者"的。因此,"会东"应该精明能干、诚实守信。除此之外,如果"会东"交际广,具有较好的人缘,那么就可以邀请较多的参会人数,获得大家的支持。只有会东的人品较好,人们才会乐于掏钱随会。

(2)"会东"借款的目的:通过"请会"借来的钱,是分期还款的,最晚一期还款的期限一般为一年,最早的就是一个月到几个月不等,历时较短。因此,这笔钱通常是救急不救穷。"会东"在约请参会人员时,要提前告知对方出于什么原因才请的会。一般"会东"借款的原因大多出于生意场上资金的短缺。

(3)"随会者"的考虑:在"会东"发出邀请之后,"随会者"一般都会赴会。一方面出于朋友情谊,不得不帮;另一方面出于互惠交换,以备自己将来不时之需。但是,这种基于人情、面子的交换,没有契约的保证,将来能否得到回报,并不确定,有时甚至血本无归。这种风险性促使"随会者"的决定必须建立在信任"会东"的基础之上。

（4）参会人员的阶层性：作为行店主发起的"请会"，一般只局限于行店主或其他较大字号的商人中间，小商人是不会被邀请参会的。同样，小商人间的"请会"也很难见到资本雄厚的大商人。他们之间几乎不存在一般性的社会交往。可见，商人间的交往是分等级的。这种等级不是外界的规定，而是人们对于自身的一种认定，对于自身在社会中的一个清晰定位。"会东"与所有的"随会者"，他们在社会中的阶层位置应当是大致相同的。这样的一种"请会"团体，参与人员一般是同阶层关系特别要好的朋友。

二是直接向较大的行店借款。在摆家后裔提供的账簿中，有几笔商号的借款，如："复盛茂：全月初七日借银洋五百五十块整（此洋至全月三十日移布期账上），又借银洋八块五角五毛整，全月二十八日收银洋八块五角五毛整"；"复盛茂：三月十三日，借银三百两整，又收大洋四百零五块整。十四日，借银二百五十两整。三月二十六日，借银洋二百块整。二十八日，收银洋二十二块整。四月十日，收银洋一百一十六块二角五整。四月十五日，清银洋五百零五块整。又收银五百五十两整，又清银洋二百一十五块整。除使下存银洋二十三块二角整。四月十六日，清银洋二十三块二角整"；"陈镇大通店：全月初六日，借银洋六十六块五角九毛整，十二日，借原白斜布捌板"；"恒顺德：二月三十日，借银洋三十块整，三月初十日，清银洋三十块整"；"复庆生：十月十八日，借钱一十串文（油帖子），二十八日，收钱一十串文。又借钱二十串文（油布帖），十一月八日，收钱二十串文（油布帖）"。

从这些引用的账目中，不难发现：（1）"复盛茂"商号出现了两次，而且借款的数目在这几家商号中也是最大的，两次借款均多达几百银洋以上，可见交情之厚。而其他商号的"待遇"则明显不如"复盛茂"。（2）借款与还款的日期间距较短，即使如"复盛茂"，其借款期限也仅局限于一个月左右。可见，如此大额的借款仅仅是为了应付资金的周转。（3）商号之间的借款，大多以"银洋"来计算，这是商人之间为了抵制货币贬值的一种方式。民国时期张家川的币制非常混乱，有银锞、制钱、钱帖子，之后又有银元、砂圆、小铜元、大铜元及陇南票子等。砂圆和陇南票子贬值很快，信誉扫地，从"复庆生：十月十八日，借钱一十串文（油帖子），二十八日，收钱一十串文。又借钱二十串文（油布帖），十一月八日，收钱二十串文（油布帖）"这一账目中可以看出，油布帖已经充当货币应用于商号之间，它的出现说明了当时市面上的货币贬值。因此，我们就不难理解各商号之间仍用银洋结算的理由了。特别是对于从事大宗生意的行店主来说，他们在布匹方面还从事期货交易，如"复盛茂"的一笔借款就转移至了布匹的期货账上。在货币不断贬值的年代，有着赊欠交易的行店，以银洋进行结账既是一种方便的手段，又是对于自身财产保值的一种举措。行店之间的经济互助，促成了他们商业的共同繁荣。

第二节 "无商不土"与"西路"贸易

鸦片贸易是近代商人获取高额利润的一项重要商业活动。早在晚清时期，就已经有人在张家川经营鸦片。"清光绪初年，张川镇就有人开设烟馆，上面虽有禁烟政令，但屡禁不止。到了1909—1911年，陕甘总督长庚采取放任态度，种、运、售、吸一概不禁，因而张川镇烟苗遍地，烟馆林立，仅张川、恭门两镇烟馆多达30余家，形成'一家数灯'、'十人九瘾'的状况。1914年北洋军阀张广建督甘时，他表面上设立了'禁烟善后局'，但实际上只禁种，不禁运、售、吸，市场上的鸦片并未减少，而且价格不断上涨，张川烟价每两高达10多两白银。商界几乎家家经营鸦片生意，真可谓'无商不土'！"[①]

从以上资料中不难发现，鸦片贸易在张家川发展得如火如荼是有其理由的：其一，当权者的"放任自流"促成了鸦片生意的兴盛。其二，张家川地处西部，靠近鸦片种植地，甚至本身也自种鸦

[①] 穆启圣：《新中国建立前后张家川烟毒危害及禁毒活动》，载《张家川文史资料》（第六辑），第2页。

片，自产自销的方式促使了鸦片在张家川的普及。其三，鸦片贸易的利润之厚吸引了众多商户。尤其是当张家川本地的鸦片禁种令执行严格时，由于缺失了本地货源，且又存在着广阔的市场空间，鸦片的利润应当比以往还要丰厚。因而存在于鸦片贸易中的高额利润完全可以和经营行店的利润相媲美，甚至有过之而无不及。此种情况下，有资本的行店主为了谋求高额利润，同时将生意的矛头指向西路似乎应当是一种必然的趋势。

外在管理的松弛，导致众多商户在利益的诱惑下加入鸦片贸易行列，形成了所谓的"无商不土"的局面。它不仅指的是商户们都从事鸦片的贩运经营，而且也指各大商户对鸦片的种植。

第一，"西路贸易"的贩运经营。在我们搜集到的账簿里，除了大量的私人小额借款以外，还有一些商号及政府部门的借款，款额比私人借款大一些。其中有一笔账目与其他账目明显不同，其原文为："西路账：七月初七日，借银洋六百一十块整，十八日，收银洋一百八十七块整，二十八日收银洋四百二十三块整。"这笔账目之所以引起笔者的注意，首先由于其标题为"西路账"，使人不明就里；其次，这笔账的借出数目非常大，数额有六百多块银洋，在其他账目中是很少见的。那么，"西路账"到底指的是什么交易呢？曾经是"海兴源"掌柜的一位老人回忆：

> 民国那个时候，在天水地区做生意的人里流行一句暗语——"走西路"，它指的就是以洮州为中心的鸦片贸易，包括今天的洮州和卓尼的部分地区，那个时候的账簿里不会直接记鸦片的营业，通常是记成"西路账""走西路""西路贸易"，这些写的是"西路"，其实都指的是与鸦片有关的贸易。（访谈记录20080409 - ASK）

由此我们也就不难明白，这笔款额数目为何如此之大。

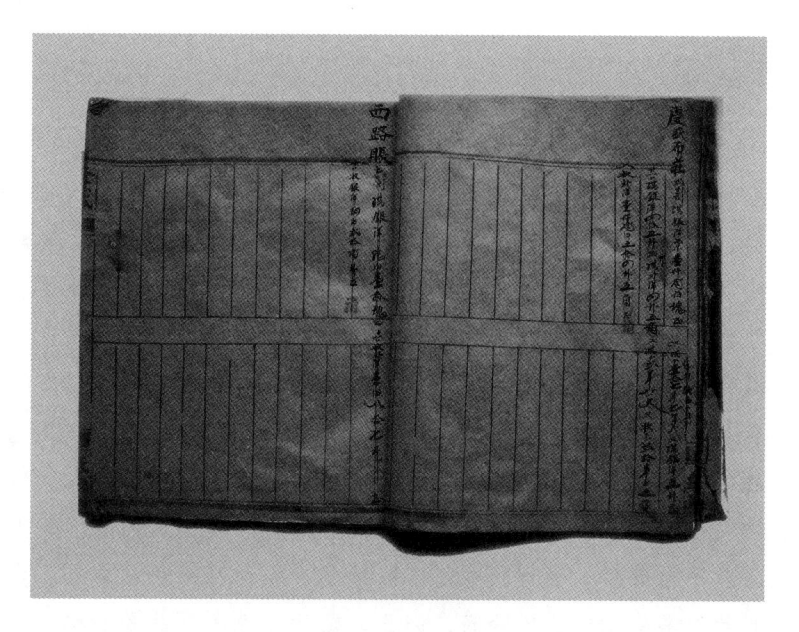

图 3-2 账簿 2

就当时而言，鸦片贸易不仅仅局限于张家川，而是以西部为主，遍及全国。西部地区是当时全国的鸦片主产地，所产鸦片远销东路的各大城市。"近代我国西部民族地区所产的鸦片不仅数量多，而且质量好。当时，四川所产'川土'，云南所产的'南土'或'云土'，贵州的'黔土'，以及陕西、甘肃、宁夏所产的鸦片，都是全国土产鸦片之佳品"①，其中甘肃又以洮州等地为最。因此，当时甘肃从事鸦片贩运的商人主要集中于这一地区。以致范长江在路过这一地区时，不无感叹道："洮河两岸，好一片冲积平原！……可惜得很，这片平原上，鸦片烟占了主要的面积！"② 正是这里大量种植的鸦片，为张家川商人提供了充足的货源。

那么，当时张家川的商人是如何从洮州贩运鸦片的呢？据 MSQ

---

① 周智生：《商人与近代中国西南边疆社会》，中国社会科学出版社 2006 年版，第 85 页。
② 范长江：《中国的西北角》，新华出版社 1980 年版，第 43 页。

| 上篇　晚清至民国时期的张家川回族行店 |

老先生回忆：

  抗日战争前，陕西的客商拿棉花和布匹到张家川换皮货，张家川的行店主再拿棉花和布匹到洮州换鸦片和皮毛。"走西路"时，藏民们根本不认票子，只认银元、布匹和其他百货。当时政府不让流通银元，他们就把银元卷在布匹中，偷偷带进藏区。到了洮州之后，找当地相熟的人引荐才能购得鸦片。这些熟人中有藏民、回民和汉民，做生意的时间长了，彼此关系很好。交换得鸦片之后，并不敢将鸦片明目张胆地运回，而是将鸦片和其他货物掺杂在一起，如药材、土产等，或者藏在皮毛里。并和当地的头人取得联系，获得他们的保护，当地的头人负责把他们送出藏区就不再管了。回到张家川，就地卖出，便可以获利丰厚。由于鸦片贸易资本大，风险高，因此与贩运皮毛不同的是，整个行程都有行店主本人或其家庭成员参与。一旦遇上政府盘查严紧，丢下货物先跑人，否则被抓住，不仅要全盘没收，处以罚款，而且还要被抓去坐牢。因为风险高，有些商号在鸦片贸易中大发其财，也有的因这个关门倒闭。（访谈记录20080407－MSQ）

  这段访谈内容为我们提供了如下信息：
  其一，藏民在贸易中不仅需求银元，也需求百货，这大大有利于行店主从贸易中获得厚利。关于藏民的这一做法，范长江在《中国的西北角》中有很好的解释："藏人不用纸币，非有现银不售货。……盖藏人之社会经济，尚在畜牧初入农业经济的阶段。商业经济，藏人中异常不发达，仍在货物交易时代中。……对外使用货币之机会甚少。"[①]正是由于藏人对货物和银元的需求，所以在账簿中出现了有关藏区的贸易账目皆以棉花、布匹和银元为结算。以货物结算的方式显示了藏区的物资匮乏，这一"有利"条件使得各大商号在对藏区

[①] 范长江：《中国的西北角》，新华出版社1980年版，第27—28页。

的贸易中,通过以物易物的方式获利颇多。因而,当时的洮州,成了张家川商人致富的天堂。

其二,洮州不仅产鸦片,它还是羊毛、皮张的主产地。对于张家川的商界来说,这并不是一条陌生的路向,因从事皮毛交易而熟悉地域,带给他们的是鸦片生意的便利。围绕"西路贸易"同时进行的还有以往的传统行当——皮毛、布匹、药材等的交易。在账簿上记载着的有关"洮州"账,除了"西路贸易"外,还有其他经营:"赴洮州皮账:去年十一月十四日,借棉花五百六十斤(每百斤三十八元),占银洋二百一十二块八角。又借银洋三十块整。又借银六两四钱整(花厘金洋)。四月二十九日,收银一百七十四两七钱七分整。全月二十八日,借大洋五角整(补厘金用)。""洮州福顺店:四月十六日,借四色斜布一十板(内有红斜布二板半),五月二十日,收色斜布一十板。"可见,围绕"西路贸易"的一直是多元经营。这样做不仅可以广开财路,而且对"西路贸易"也是一种掩护。

其三,这一时期的鸦片贩运已受到政府的管禁,因而不能自由贩运。但是由于国民政府后期的执行不力,使得鸦片的地下贩运更为猖獗。"甘肃省于1938年下令禁种,1940年下令禁售、禁吸,但事实上只要贿赂送到,就可任意贩运不受阻碍,军阀、政客就是倒贩烟土的巨贩。影响所及的张家川商人成群结伙地去洮州等地大肆贩运,开始数人一伙,后来发展到几十人、成百人结成集团,持枪骑马武装贩运。这一时期,不但没有禁止,相反,贩运更加猖獗。"[①] 政府下令禁种、禁售、禁吸,管辖的也许只能是一般的商户。对于那些与军阀、政客有关系的商户,他们通过贿赂自然可以逃脱管辖的范围。

  当时有头脸的商人给官府送的贿赂里包括两种,一种为白货(银元),一种则为黑货(鸦片),一般的商人是不可能结交权贵

[①] 穆启圣:《新中国建立前后张家川烟毒危害及禁毒活动》,载《张家川文史资料》(第六辑),第3页。

的，他们只能靠运气从事鸦片生意，在鸦片生意中也有抓住被罚而倾家荡产的。那些权贵商人或者是依附于权贵的商人则不一样，他们不仅是经营鸦片的大户，往往也是经营行店的大户。他们有资本，又有权势的保护，所以垄断了一切暴利的行业。（访谈记录20080407－MSQ）

第二，种植鸦片。作为较大商号的行店除了参与贩运鸦片牟利以外，也通过种植鸦片获取厚利。"1919年后，甘肃军阀陆洪涛、孔繁锦等以为编练甘肃第一师筹集军费为名，强迫广种鸦片。1921年陆洪涛督甘后，孔繁锦盘踞陇南。他们都积极扩张私人势力，因而需款浩大，为了缓解财政困难，从1922年起，抽收烟税款。凡种烟之地，每亩征银若干元，名曰'烟亩罚款'。不种烟之地征银更多，名曰：'懒捐'，这样致使禁烟废弛。张家川的大户，几乎家家种吸。仅张家川城郊苗籽的气味四溢，川平地都种植鸦片。"①"烟亩罚款"的目的不在于"禁烟"，而在于"罚款"，甚至不种烟之地以"懒捐"的名义征银更多，这些做法都是为了弥补军事供给的不足。"西北本来地广人稀，工业和农业都还谈不到。支持政治军事的经济力量已远不如前，而政治军事经费的需要，却未曾减少。这一个矛盾的事实，逼迫甘肃财政走到'实际的重税政策'，甚至不得不依靠鸦片为首要的进款来源。"②当权者的"寓禁于征"政策助长了鸦片种植的泛滥。

这一时期，行店主的资本不仅集中在商业，同时也流向土地，他们几乎都是拥有众多良田的大地主。对于他们而言，当权者的变相引导，加之鸦片的丰厚利润，使得在自己的土地上种植鸦片就不啻为一种赢利的方式。围绕鸦片生意运营的"西路贸易"是那个时代独有的商业活动，其所带来的巨额利润是当时行店主寻求财富的路径之一。

---

① 穆启圣：《新中国建立前后张家川烟毒危害及禁毒活动》，载《张家川文史资料》（第六辑），第3页。
② 范长江：《中国的西北角》，新华出版社1980年版，第61页。

第三章　行店的资金流向

第三节　东路贸易及其影响

一直以来，作为货物中转的枢纽站，张家川连接着东、西部地区的贸易。据《清水县志》记载："出张家川西关，上山越桥子梁，通过木河沟，而至秦安县属之龙山镇，距张家川三十里。此线每年由陕西运来之布匹、棉花、杂货，纯用脚骡运载，自马鹿镇运至张川卸货，或由张川直运龙山镇，转运西路天水、秦安、通渭、甘谷一带，再本省西路脚骡运来之皮毛、药材，囤积张家川，转发东路陕西以东各大都市。"① 随着东西贸易的发展，张家川的角色也在不断地演化。它不再拘泥于一个中转站的角色，而是将贸易的触角直接延伸至西路和东路。尤其是在东路中的贸易，对张家川产生了前所未有的积极影响。

晚清至民国时期，行店主的"东路"贸易主要指的是张家川与陕西以东各大都市的贸易。其具体所行的线路是，在张家川境内"出张川东关，东行达杨家沟口，上山越堵鞑坡壑岘，通过恭门镇，沿樊河上源由钵盂沟上山越钵盂岭，下坡通过阎家店，上坡通过龙口峪，即达陕西陇县所属之马鹿镇，为通陕经行大道，距张家川约六十里"②。这是在张家川境内的路途，沟沟坎坎，道路难行。摆家后代为我们描述了大致的情景：

> 解放前，如果10人以下单枪匹马搞运输最怕经过马鹿关山、老爷岭一带。这地方山大路陡、林木茂盛、野兽很多，森林中还有土匪、棒客行凶抢劫。那时商人们出门要沿途经过马鹿关山时，除了拿上必备的武器，还必须结成50人上下的团队。如果

---

① 王凤翼等编纂：《清水县志》（卷八《交通志》），1948年，清水县参议会，石印版。注：标点符号为笔者所加。
② 王凤翼等编纂：《清水县志》（卷八《交通志》），1948年，清水县参议会，石印版。注：标点符号为笔者所加。

上篇　晚清至民国时期的张家川回族行店

要去东路做生意，往往是各大商号之间互相联合，一家子是不敢轻易过的。(访谈记录20090506 - BR)

出了张家川，路况有所改善，但仍费时耗力。当时行走在这条"东进"线路上的不止有张家川的商户，也有秦安、甘谷等地的商户。《秦安县商业志》中记载了皮货从秦安经过张家川到达上海的历程，从中我们可一窥当时从张家川向东行进的线路，"皮货从秦安驮运起程……首经张川局卡……路过凤翔……过潼关……奔到河南观音堂，驮运结束，改乘铁路运输……到达汉口，改装船运到上海。一路上，费时一月有余"[1]。在经过辛苦的道途奔波以后，秦安、张家川的货物才能抵达上海。"货到上海，有专门从事皮货经纪的协兴公、三江旅馆等十数家行栈，经手成交，买二卖四取佣。皮货是季节性很强的商品，赶上时机，1件羔皮褂卖14块白洋，二毛褂卖17块白洋，故有'银八月，金九月'之说。皮货商于八月赶到上海，售完皮货，购买布匹百货，就连帮返回。……民国十四年（1925）起，上海往返还可邮运，顿觉方便。"[2]各大行店在东路贸易中往返不空，既在上海赚取皮货的差价，又在当地赚取布匹、百货的差价。双重获利，良性循环，更刺激了行店主在东路贸易中的频频往返。

后来，道路的条件稍有改善，但又添加了时局的纷扰。曾经的"海兴源"掌柜为我们回忆了当时的场景：

抗日战争时，开封、洛阳等地被日本人占领了。秦安、张川的商人往上海送货时，路过这些地方，可以看见日本人的探照灯，由于当时道路的修复，已经能通行汽车，商人们坐的汽车要全部关灯，人们也得灭掉吸的烟，有时候还得从战壕中跑过去，过了开封和洛阳就万事大吉了。皮货到了上海，一般会进入上海本地

---

[1] 《秦安县商业志》，内部资料，1992年，第41—42页。
[2] 《秦安县商业志》，内部资料，1992年，第42页。

皮行中进行销货，这样虽然要掏一些佣金，但买卖周期短。在上海卖完货之后，为了躲开日本人，有些人就坐飞机回到兰州，然后再分别回到秦安和张家川等地。解放后，由于上海没有市场了，秦安、张川商人就暂时歇下了。（访谈记录20080409 - ASK）

东路贸易虽然在新中国成立后告一段落，但它对张家川行店业的影响仍是巨大的。主要表现在以下几个方面：

第一，经济领域的扩充。行店业中的大号，凭借其资本的雄厚和在东路贸易中见多识广的有利条件，审时度势，扩大经营范围，在原有的基础之上，开辟了许多新的领域。如表3-1所示：[①]

表3-1

商号名称	行店主姓名	开辟的新业务
桓盛店	马桓武	石印局
仰一堂、乾和真	马辉武	全县第一家由柴油机带动的石磨面粉加工
兴盛泰	李维岳	染房
义记兴陇商栈	摆登高	张家川兴陇汽车转运站、骆驼行
德兴店	摆瀛高	骆驼行
德盛店	李占鹏（李得仓四子）	全兴驼场
新华商栈	麻蓬轩（麻钧的堂兄）	陇南张家川新华汽车商栈

这些新领域的开辟是行店主对先进地区的一种学习和模仿，尤以汽车转运站和骆驼场为例，它们的产生既与东路贸易息息相关，又进一步加强了张家川与东路的联系。

东路贸易的日益兴盛，促使张家川对外运输工具也在不断改进。摆家后人回忆：

民国初期，张家川山大路陡，那时的运输主要靠"扛肉背子"，

---

① 表3-1中第1、2和7项是通过《张家川文史资料》整理而成，第3、4、5和6项是经由实地调查的一手资料整理而成。

上篇　晚清至民国时期的张家川回族行店

就是用人来背、担、抬。当时把这种"肩挑担担"沿途经过各地专门搞贩运的人,叫作"扁担客"。后来发展了以私人养的马、骡子、驴等大家畜代替"肩挑担担",进行驮运运输,那些专门喂养牲畜、跑长途驮运的人被叫作"脚户"。后来,又有了"铁轱辘"老牛车,再后来有了"胶轱辘"大马车。(访谈记录20090506-BR)

真正能够标志东路贸易进入鼎盛时期的,应是先进的运输工具汽车的出现,这意味着张家川商人具有了长途运输大宗货物的可能性。初始的汽车运输首先由外地客商带到张家川,这些汽车来时载的多是客商所携带的布匹、棉花、杂货、茶叶、药材、食盐等,走时载的多是张家川的皮毛、药材等货物。随着对东路市场的开辟,张家川自身的市场也被敞开于外界,外地客商不断增多,车辆也就来得更多。

在此情形下,见多识广的张川镇商人麻蓬轩于1935年率先开办了汽车南站。受此启发,张川镇另一商人摆珍又开办了汽车北站①,北站又名为"兴陇汽车转运客栈",两个车站专门负责接待来往客商及其车辆。汽车进站之后,车站负责经销客商携带的货物,为客商和司机免费提供住宿、停车处及货物堆放的地方,以佣金的方式获得酬劳,其提佣的比例一般为成交额的2%—4%不等。转运站经营最好的时候,备有宿舍60多间,简易车棚20多间。车站建起后,推动了张家川对外贸易的发展。但是因为当时的公路质量差,加之常年缺乏维修,一遇下雨,路面泥泞难行,且有塌陷或山体滑坡等情况发生,导致行车困难越来越大,汽车渐渐来得很少。克劳德·皮肯斯于1936年拍摄的张家川照片中就有这样的一幕,他们所乘坐的汽车在距张家川县城不远的恭门镇翻到了路边。② 当时的这种路况严重影响

---

① 参见穆启圣《清末以来张家川的交通运输概况》,载《张家川文史资料》(第三辑),第72页。

② In Search of Moslems in China, April 30th to July 2nd, 1936, [unpublished trip diary by Rev. Claude L. Pickens, Jr.], Rev. Claude L. Pickens, Jr. collection on Muslims in China, Harvard-Yenching Library.

了车流量，因而车站只能艰难维持。直到1937年抗日战争爆发后，车辆来得越来越少，两个车站才相继被迫关闭。虽然持续时间不长，但它们见证了张家川市场的对外开放。

至今，摆珍的晚辈仍保留着其当年经营汽车站的名片，如："兴陇汽车转运客栈""张家川蚨来汽车站""义记兴陇商栈"，以及与外地车行的联系名片："西安泰和生转运公司""西安公一汽车商行"等。汽车转运站的开办固然有很多客观因素，但是究其根本原因，也许正是张家川商人与外界的频繁联系所致。

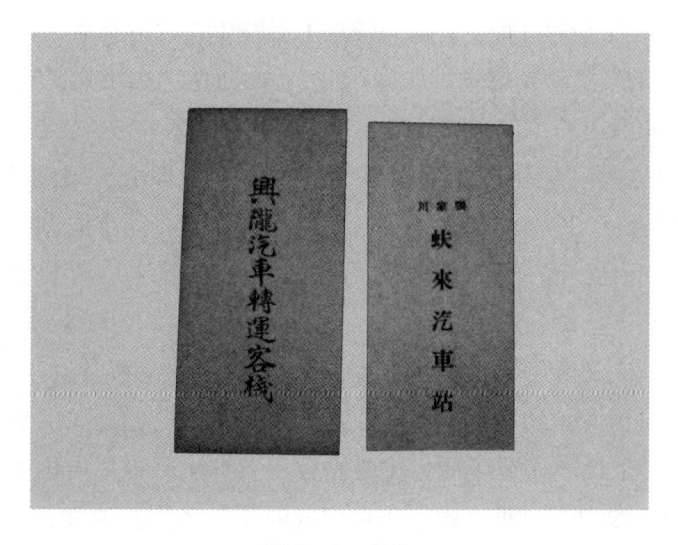

图3-3 名片

东路贸易引发了汽车运输，而西向来的供货商则大量凭借骆驼队载运货物到张家川。由于这些大批西来的骆驼客必须要有落脚住宿的地方，当时一些有资本的行店主遂瞅准时机又开办了骆驼场，专门招徕外地的骆驼客。骆驼场的经营模式类似于行店，表现为，"经营斯业者，大都择城外辽阔近水处，设厂蓄驼，筑屋存货，凡驼主运来之货，卸存厂中，由厂主代为兜售，售出后，收佣金百分之一"[1]。骆

---

[1] 参见潘益民编《兰州之工商业与金融》，商务印书馆1936年版，第88页。

驼场的建立不仅满足了西来商客的需求，便利了商客的住宿、仓储和销售，而且也为张家川继续与东路的贸易提供了丰盛的货源，并为货物的外输提供了便捷。

第二，经济资本的扩充。除了这些新开辟的商业领域之外，行店主在张家川所发行的股票也肇始于东路贸易。正如前文有关钱帖子一节所述，股票在张家川的发行与行店主在东路贸易中的广见博识是分不开的。民国初年，张家川的一些富商大户与上海等地的贸易颇为频繁，如"兴盛泰""大德昌""俊义成""万盛生"等，常派人亲赴上海进行交易。在交易的过程中，他们发现了上海商人利用股票融资的方式。这一新式的融资途径启发了张家川商人，从而催生了股票在张家川的发行。"张家川的'俊义成'号、'兴盛泰'号亦参与了股票交易，利润丰厚。这两家商号受到启发，回到张家川后，即由'兴盛泰'商号发起并联合40多家商号，向清水县税警局申请发行油布帖票有价证券，参与市场流通。经准许后，成立了董事会，由张家川商会会长摆仙洲[①]、崔英出任董事长。'万胜生'号老板马寿山、'大得昌'号老板马国选、'兴盛泰'号老板李维岳、'俊兴茂'号老板马子林、'俊义成'号老板麻钧等18人为董事会成员，于1917年组建了'张家川兴国钱庄'，下设印钞石印局。注册登记后，按注册资金向国家缴纳税金，并限定股票只准许在张家川境内流通。"[②] 各大行店发行的股票成功上市，这不仅意味着行店业的成功融资，可以进一步扩大经营，而且在更重要的意义上表明，行店主对外界信息的敏感捕捉与及时掌握。

第三，经营品种的升格。最初，行店中经营的物品大多为皮毛、布匹等，随着东路贸易的兴盛，行店主的经营物品不再囿于传统货物，而是引进了一些大都市中的物资。"'兴盛泰'最初只经营白洋布、白土布，后来还补充了丝绸等物品。并且也学着大城市的商人，开办染房，把白布进行染色，用的染料都是当时比较昂贵的靛蓝，

[①] 即摆瀛高。
[②] 参见黄月云、王柱国主编《张家川史话》，甘肃文化出版社2005年版，第231页。

'兴盛泰'家的布也就卖得比别人家的好。"（访谈记录20090505－LFZ）靛蓝在当时是一种进口染料，又称为洋靛，"霖发祥"的账簿上记载的价格是："入洋靛两桶，使大洋四十六块"。可见，每桶洋靛的进价为大洋二十三块，价格不菲。经过洋靛染色的白布，美观大方，深受人们的喜爱，销路非常好，后来为其他商家纷纷仿效。不仅如此，行店主还从大都市中运回了大量的日用品，丰富了张家川及周围邻县百姓的生活。据张家川县志办原主任讲①，行店中的商品非常丰富，白洋布、洋胰子、洋火、洋碱在张家川率先出现，庄浪县、秦安县等周边县城的人都来张家川赶集，他们能买到本地买不到的东西。这一情况在其他学者的著作中也有所反映，"近代以来……西北地区的皮毛等土特产品的向外输出，带动了西北地区皮毛贸易的发展，回族商人……从张家川、龙山镇、固原、三营、平凉至西安东行。他们将西北的皮毛等土特产品运向内地，再买回茶叶、棉布、瓷器、针线等生活必需品回西北地区贩卖"②。这一时期的张家川，可谓经济发达，百姓受惠。

一直将眼光盯着先进地区的张家川商人们，在自己的土地上不断激活着市场潜力，吸引了四面八方的客源。如当时有大批的四川商人来张家川经商，甚至形成了一个聚居点，"朝西沿弧形河滩不远的一段地方有几家旅店，因当时到张川卖茶叶的、抬滑竿的四川人都住在这里，故名'四川店'"③。大量客商云集张家川，促使它成为一个商业重镇。"张家川地处陕甘交通咽喉。……向以皮毛、布匹集散码头驰名西北各省及上海、天津、汉口、成都、重庆各大商埠。清末至解放前，甘肃历届反动政府在当地设有头等税务机构。"④ 在这一商业

---

① 在《张家川史话》和《张家川回族自治县工商行政管理志》中，有关皮毛行店的文章均出自张家川县志办原主任之手。据其本人讲，为了编写这些书，她曾经翻阅了大量的文史资料，并同当时在世的一些行店主进行过交谈。
② 王永亮：《西北回族社会发展机制》，宁夏人民出版社1999年版，第110页。
③ 赫炜烈：《张家川巨变》，载《张家川文史资料》（第四辑），第11页。
④ 马守礼：《张家川皮毛、布匹集散市场的形成史》，载《张家川文史资料》（第三辑），第52页。

上篇　晚清至民国时期的张家川回族行店

繁荣的小镇，随着市场的日益成型，带来的是各方面的发展。以饮食业为例，"解放前，凡是来张家川的客商……都慕名进'义和园'品风味，走时带一盒'鸿盛祥'的糕点，捎一包'云南老五'的酱菜。这三家回民食品，驰名甘肃陇南各地，在陕西宝鸡、陇县也享有盛名"。这其中尤以"义和园"为最大、最好，"义和园饭馆，设在张川镇双城门以东，坐南向北的三间旧楼房里。楼下一间是厨房，两间招待室，内设四个方桌，约坐三十多人；楼上三间设有六个大圆桌，约计能坐五六十人。用的瓷器餐具，都是从景德镇订制的，上面印制着'张家川义和园'字样。雇佣着七八个堂倌（服务员）"[1]。从这家餐馆的待客规模和所用器皿的讲究上，可以断定，这是当时一家颇上档次的餐馆，用餐者若不是地方名流，必定是商界富贾。这家"义和园"餐馆是马应琪于1935年创办的，他十九岁时曾给张家川的福来皮店做饭，手艺超绝。在"义和园"中，一些山西、天津来的客商，故意点出颇有名堂的菜，如"虎皮豆腐""猴戴帽"等，他都能一一满足，因此，"义和园"的名声越来越大。[2] 可见，本地餐饮业的发展与张家川商业经营的繁荣、东路客商的频繁流动是密不可分的。在与东路进行贸易的过程中，张家川不仅获得了经济利益，而且也习得了较为先进的生活气息。

　　借助东路贸易的辐射带动，张家川商人努力经营着自己的本土市场，并不断向外释放着自身的能量。他们将资金投向新的领域，开辟新的方向，为市场的不断发展注入了新的活力。在后文中，我们还可以看到，东路贸易对行店主的影响不仅是经济方面的，还有文化与生活观念的革新。这使得行店主在成为富甲一方的商贾时，更成为受人尊重的绅士名流。

---

[1] 穆启圣：《解放前张家川的三家回民食品店》，载《张家川文史资料》（第二辑），第72页。

[2] 参见穆启圣《解放前张家川的三家回民食品店》，载《张家川文史资料》（第二辑），第72页。

第四章

行店介入非商领域及其没落

　　作为一种具有地方特色的经营组织，行店的存在，沟通了商贸信息，加速了商品流通，促使了当地经济的极大发展。与此同时，行店的运营也为行店主赢来丰厚的家资，"行店主都成为拥有巨万资产，千百亩土地的大富翁。张家川地区的许多资本家都是这样发家，越来越富的。凡是开过行店的资本家，没有一个不发财的"①。如此雄厚的家资，为行店主在自我生活的改善和在地方社会中的积极作为，奠定了坚实的基础，由此，行店主就可以凭借经济实力向教育等非商领域进行渗透。正是依靠着自身的经济优势，行店创建了通向其他社会结构的平台。在此意义上，行店不仅是一种参与经济活动的中介组织，更是一种特殊的社会现象。行店的功能不再局限于一般的贸易中介，它凭借着经济实力所搭建的平台，超越了原本的经济领域，渗透在地方社会的其他方面。与此相应，理解行店的作用也不宜仅仅局限于经济领域，更需要把它搁置在一定的社会关系中，揭示潜藏在这种现象背后的社会文化意义。基于此，本章主要考察在晚清至民国期间，这一特殊行业对经营者的家庭生活和教育等领域的影响，尝试从多维的视角对其进行深入探究。

---

① 马守礼：《张家川皮毛、布匹集散市场的形成史》，载《张家川文史资料选辑》（第三辑），第58页。

第一节　行店主经商背后的生活

作为富甲一方的商贾和受人尊重的绅士名流,行店主不仅在商场上展示着自己的才能,也在日常生活的筹划中体现着自己特有的身份。

第一,置地建宅。如同绝大多数商人一样,行店主在经商致富后,往往将商业中积累的大量资本用于购买土地和房产,从而形成既是大贾,又是地主的双重身份。在匪害连连的多事之秋,他们还修建堡子,以此来保护整个家庭成员的生命及财产安全。

其一,置房购地。

经过对当地文史资料的查阅和对一些熟悉情况的老者进行访谈,大致可以获悉当年行店主置房购地的一些情况。由于历史原因,张家川地少人多,在此背景下,行店主占据土地的规模就显得愈加庞大。

作为张家川的执政官李得仓,其拥有土地的规模自不待言。李得仓总共有1000垧土地[1],5个儿子各100垧,李得仓一人有500垧,几乎全部是川地,"先辈传说曾祖李得仓归真后,家中卖了二十多垧(同'垧')地为他送埋"[2]。可见,李得仓的土地规模之大。这些土地均是雇人耕种,由一个谓之农头的人负责整个农活的安排与进程。李得仓的一个曾孙回忆:"我们家的农活常年雇有5个长工,加农头总共6个人,每天晚上向我父亲汇报情况,由父亲来安排白天的活计,其余具体事情则由农头负责。"(访谈记录20080404 - LHZ)

除了拥有大量的土地之外,李得仓还在城中心建了自己的家院。"西城段里以李大帅(李得仓)公馆为中心,两旁沿街上下有药房、商行、皮行等。李得仓公馆占有整个一条巷子,直到北城墙。巷口为四马悬蹄的门坊,巷子东侧第一院房子名为'账房里',整个院子东

---

[1] 垧,当地计算土地面积的单位,一垧约等于2.5亩。
[2] 苏德成、马国强:《李得仓传》,甘肃文化出版社1997年版,第115页。

第四章　行店介入非商领域及其没落

西两侧有几所家院。"① 据其后代回忆："巷口有一个特别漂亮的门楼，可谓是雕梁画栋，上面有对联一副：'有书真富贵，无事小神仙'，横批为'多听古人言'。门楼背后的整个巷子尽为曾祖及其家庭成员所有。"（访谈记录20080404－LHZ）

马元超的家庭成员，同时也是大行店主的马锡武、马辉武、马桓武、马殿武等也拥有较多的土地。曾为县文史资料撰稿的老人讲："'桓盛店'的主人马桓武，人称五师长，他在张川县的上磨川和北川有1000多亩土地。'惠丰店'的主人马重雍也拥有大量土地。"（访谈记录20080411－LSR）"新中国成立后，马重雍带头执行党的土改政策，将他家拥有的大量财产，计山地1062.5亩，川地90.5亩，共1153亩……房屋分布在大阳、龙山镇、张棉乡、张家川、胡川、连柯等6个乡镇计356间……交给人民政府分给本乡无房户。"②"仰一堂"的主人马辉武也是大量土地的拥有者，张川县川王乡铁洼村是他的山庄，在他兴建的"慕陵堡"附近，就有山川地三百多亩。③"天锡店"的主人马锡武虽然没有在张家川直接进行经营，并且也很少在张家川居住，但在县城的郊区却拥有一座漂亮的私家花园。④

作为张家川的经商大户之一，"兴盛泰"的主人李维岳也在不断扩大着土地的规模。"'兴盛泰'解放前主要以商业为主，兼营农业，拥有200多垧川地。这些川地全是精华之地，其范围从张川镇中心一直到河边里，这部分农业由其长子负责经营。"（访谈记录20090505－LFZ）"1945年经营最好的时候，他在县城周围又以比较低的价格买了600垧土地，雇用一个叫马元的人作为农头，负责整个土地的耕种。"（访谈记录20090504－LJJ）可以初步推算，李维岳拥有土地

---

① 赫炜烈：《张家川巨变》，载《张家川文史资料》（第四辑），第11页。
② 马国瑜、马国雄：《马重雍传略》，载《张家川文史资料》（第六辑），第142页。
③ 参见马国瑜《宣化冈在张家川县境内所建的三座堡子》，载《张家川文史资料》（第四辑），第189—191页。
④ 参见 In Search of Moslems in China, April 30th to July 2nd, 1936, [unpublished trip diary by Rev. Claude L. Pickens, Jr.], Rev. Claude L. Pickens, Jr. collection on Muslims in China, Harvard-Yenching Library.

的数量是800多垧2000多亩地。

值得一提的是,在"兴盛泰"经营的鼎盛时期,李维岳还修了一套县城里最好的房子。据他的晚辈回忆:

> 那座房子占了从现今的新华书店到城建局大半个范围,占地面积约有5000平方米。1944年,主院落成,这是在原有老院的基础上扩建成的。整个院子里大约有几百间房子,全部是本色的木质结构,窗户和门都雕刻着鸟兽、花朵。有雕梁但没有画栋,但已经是很好看了。主院中间有一座正房,南北双向,背靠背,共有6间房子。由于他本人好养鱼、养花、养鸟等,在主院的中心,用铁皮焊了一个大约5平方米的鱼池,底下装着轮子,可自由移动,里面养有各色金鱼。主院四面的房檐下都悬挂着鸟笼,鸟的品种多样,并种有各种各样的花。以主院为中心,后面还连接着多座小院和一个小的清真寺,并形成了前有铺面,后有马厩,西有染房的样子。这座小院子就当时看,在张家川算是最好的了。(访谈记录20090505 – LFZ)

据说,李维岳老人临终时,曾将李家的族谱、"兴盛泰"的账簿、地契及一些贵重物资藏于一个保险箱内,但保险箱到底居于何处,至今无人可知。对于我们的调查研究来说,不能不说是一件憾事。

以上所提到的这三大家均是张家川的经商大户,也是置房购地的大户。据史料记载,1917年,包括"兴盛泰""德兴店""天锡店"在内的四大商号,通过发行股票,积聚了资本,扩展了贸易,"五年之间,四大商号赢利丰厚,每个商号年净收入银元10万元以上。四大商号都在张家川闹市区购买多处房地产,大兴土木,兴修或改建商号店铺,他们还在城郊购买了连片川地"[①]。行店主们正是依靠经商赚来的家资,成为了大量良田的拥有者。

[①] 黄月云、王柱国主编:《张家川史话》,甘肃文化出版社2005年版,第232页。

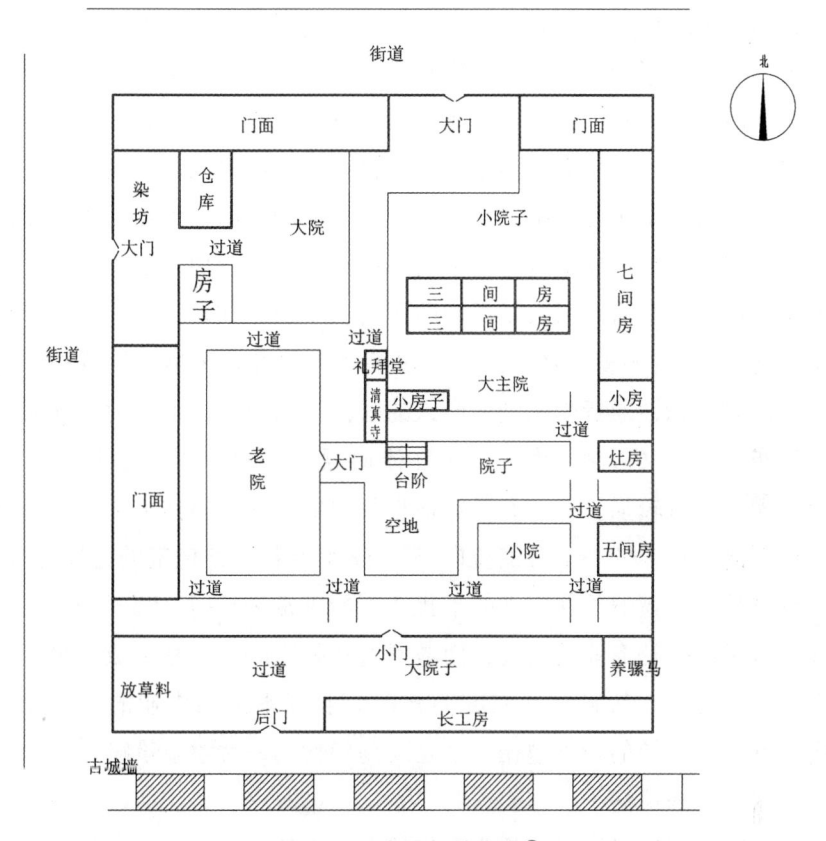

第四章　行店介入非商领域及其没落

图 4-1　李维岳的家院①

除此之外，其他行店主也纷纷购买土地和房产。麻钧"在经营'俊义成'的最好时候，在恭门乡水池村购买了400多亩山地，在上磨乡购买了118亩川地；在张川县有60多间房子，四间铺面，马鹿乡四间铺面，恭门镇八间铺面"（访谈记录20080408-MJG）。"'万盛生'的主人马仰荣有700—800亩左右的土地，并雇有长工为其耕种。"（访谈记录20080411-LSR）马守礼在其撰写的文稿中也提及行店主拥有土地的情况："张家川的万盛生、恒盛老、金盛魁、风兴元、俊兴茂、义兴德；龙山镇的耕和马、耕和钰、永盛德、永盛西、

---

① 此图是根据李维岳的晚辈手绘草图处理而成。

全盛马、全盛福、万顺有、长盛源等……凡在他们居住的地区，都有将近一半或更多的土地为他们所有。"①

在传统的农业社会里，土地无疑是最主要的生产要素，从预期收益的角度而言，积聚大量的土地比储存金银货币或囤积其他物资更具有经济价值。基于此，中国传统商人，一般均在经商致富后将大量的资本流向田地，以此来进行资本的保值和增值，行店主也无一例外地遵循着经商致富后购买大量田产的逻辑。特别是在动荡年代，情形更是如此，"动荡不安的社会局势，逐渐恶化的经营环境在困扰商业发展的同时，恶性通货膨胀又使商人的财富不断缩水，而这时商业市场上的有限需求又限制了商人资本在流通领域继续扩增的可能。于是，保值能力相对较强，而且有稳定地租收益的土地，自然成为特殊历史条件下商人资本的一个必然流向"②。商业需要一种稳定的流通环境，一旦这种环境遭遇外在因素的干扰而不能正常进行时，相对稳定的农业恰恰可以弥补商业的损失，而遭遇通货膨胀时，土地又成为最好的保值方式之一。因此，亦农亦商，即商业资本流向农业的多元化经营，既是对传统的一种遵循，也是动荡年代的一种避险策略。

其二，修筑堡子。

民国时期的张家川，除要面临整个国内外动荡的局势，还要面临地方上的军阀和土匪的劫掠与侵扰。下面择录的是民国三年（1914年）至民国三十年（1941年）之间，张家川及其周边地区遭遇的匪害，对当地社会造成的严重滋扰：③

（1）民国三年三月白狼匪众数万人由陕窜甘，驻防骁锐军御之，于关山洪家滩败绩。匪众通过恭门镇、张家川入秦安县境，

---

① 马守礼：《张家川皮毛、布匹集散市场的形成史》，载《张家川文史资料》（第三辑），第60页。
② 周智生：《商人与近代中国西南边疆社会》，中国社会科学出版社2006年版，第153页。
③ 王凤翼等编纂：《清水县志》（卷七《军政志》），清水县参议会，1948年石印版。

河南毅军跟踪尾追，五月，匪被甘军截击回窜，由安业峡、白驼镇趋县、川城内及附近，居民逃避南北山谷，匪通过县城，毅军及甘军自后追击，匪逾关山东窜，所过抢掠牲畜财物，民间男妇被枪杀者数十名。

（2）十五年二月，陇州土匪张麻子抢掠白沙镇，六月又抢劫一次，财物牲畜损失甚巨。

（3）十五年七月，孔繁锦兵败，南崩溃军纷窜县境抢掠，城乡民间大受扰害。

（4）十七年正月，徽县土匪张洪德窜扰盘龙铺，焚掠民众，冬间，洪德之妻张凤鸣率残匪三四百人窜至岩羊铺被民团击毙，张凤鸣及匪徒十余名匪党溃散。

（5）十七年八月秋，木树土匪马顺啸聚匪党千余人拥入张家川，师长吉鸿昌击走之；十一月马顺结连陇东土匪杨老二又盘踞张家川恭门镇派小股东沿关山抢掠三岔利桥，西沿远门镇梁抢掠街子沟、马跑泉一带。

（6）十九年四月，马廷贤攻陷天水，派匪军马队数千人驻县城及张家川，地方竭力供应，居民多被拷掠。

（7）三十年四月，海固匪党马队两千余人由隆德窜至张家川附近，行政专员胡受谦带保安队星夜赶至，防守张家川城，晚间于要隘架机关枪毙匪无算，并孑身出城巡视一周，当时城内恐惧人心稍定。

从这些史料记载中可以看出，民国时期，张家川及其周边附近，匪害连连，百姓苦不堪言。匪害对地方富商的冲击极为强烈，而富商之中又以行店主居多。在具备经济能力的前提下，为了保护自身及家庭成员的生命和财产安全，一些行店主以盖土堡来进行自卫。"马元超于民国十八年（1929年）在宣化冈的北山梁顶修了一座土堡子，取名'宁陵堡'。相继，他的三子马辉武在现在的川王乡铁洼村修建一座堡子，名为'慕陵堡'。六子马殿武（重雍），在渠子乡的寨子梁头修建一座，取名'信陵堡'。这三座堡子的共同作用是作为防匪的安身之地。"① 遗憾的是，这些堡子在之后陆陆续续全部被拆毁，现在只有其遗址，不过也已成为当地农民耕种的土地。

  在有关的史料记载中显示，这三座堡子占地面积较大，且修得外表壮观，内里华美。以马辉武的慕陵堡为例，"这座堡子共占地约 3 亩，堡门建在东边，面朝西方。门还是设二道，……二道门内左右两边，建有传达室。堡内分建三道大院，大院两边又套四个小院，各院建月洞门分开。前院修马厩和男佣人的住室、装草料的房子十多间。前院两边建一牌方门直通中院。中院两边修 5 间砖木结构的大过厅，过厅南北两边，修有住客的两个小耳房，南北套有两小院，共修 20 多间房。南院是放粮食的仓库院，北院是佣人的大厨房院。进过厅是主人住的正院。正院两边仅靠堡墙，修 5 间砖木结构的锁子厅；南北修明柱式厢房各 3 间；后边并套修放东西的南北楼各 3 间。正院的台阶全用精致的石条铺砌，房屋建筑精致美观。锁子厅南北两边，各修一个青砖砌的月洞门，进北门一小院，修 3 间北房，是主人的伙房。入南门一小院修 3 间南房是女佣人的住室。堡墙上边四角各建哨楼一个。中门的照壁上书唐朝刘禹锡的'陋室铭'"②。土堡里应有尽有，有主人的住室及厨房，还有男、女佣人的住室及厨房，客人的住室，马厩、草房、粮仓、杂货间等等。这既是一座具有防御功能的土堡，似乎更是一座休闲避暑的山庄。紧凑的建筑格局，完美的院落设计，在这座土堡里发挥得淋漓尽致。很可惜，这座堡子现在没有任何遗迹可循，我们只能凭借文字来发挥想象的空间。

  不过，让人欣喜的是，在田野调查中获知，"俊义成"主人麻钧修建的"麻家堡子"至今仍保留了其大致的轮廓，笔者在恭门镇水池村找到了这一堡子的遗迹。虽然名为水池村，这里却很难见到一滴

---

  ① 马国瑜：《宣化冈在张家川县境内所建的三座堡子》，载《张家川文史资料》（第四辑），第 186 页。

  ② 马国瑜：《宣化冈在张家川县境内所建的三座堡子》，载《张家川文史资料》（第四辑），第 190 页。

水。由于堡子修建的地理位置很高,坐在车里,远远就看见了堡子的遗迹,但仍要坐半个小时的车程才能到堡子跟前。已遭几十年风雨侵蚀的堡子,长约 30 米,宽约 23 米,围墙厚约 2.5 米,高约 14 米,在一片麦田中,土堡显得很突兀。据麻钧的晚辈讲:"1947 年为了防土匪,他决定花钱修土堡。修堡子的红胶土全是雇人从外村背来,花了一年多时间才修完。紧接着全国解放,这个堡子只住了一年就不用了。"(访谈记录 20080408 - MJG)这座土堡是目前为止保存较好的一座,与其遥遥相对的河北村堡子则已经成为残垣断壁。虽然现在堡内已成为当地农民种植作物之处,但其坚固的外表似乎仍在诉说着以往的多事之秋。

图 4-2 "麻家堡子"外景一角

有些学者在描述晋商的生活时,也提到了晋商修建的堡子,称其是"大多雄踞于高坡之上,堡墙或砖或土,非常厚实,具有明显的防御功能"[1]。在缺乏强有力的国家政权保护的情况下,各地的富商皆以

---

[1] 王先明:《晋中大院》,生活·读书·新知三联书店 2002 年版,第 23 页。

上篇　晚清至民国时期的张家川回族行店

自己的财力进行自卫,修建堡子则成为他们所担负的一项浩大工程。

第二,日常生活消费。让我们就所能搜集到的资料,近距离接触行店主,以便了解一下那个时期他们的生活现状。

其一,日常生活面面观。

对这一时期行店主生活的面貌并没有直接的成文资料记载,但对整体商人的介绍却有一个概况,"当地商人崇尚勤俭,其艰苦奋斗,勇敢冒险之精神,实令人钦佩之至,大半门面柜房,多不讲求修饰,尚无通都大邑粉饰门面气习,至每日生活方面,异常规律,凡衣食住行,尤极守分,店伙更不待言也"①。从克劳德·皮肯斯的照片中,我们可以看到行店的门面的确朴素简单。② 但是,行店主的日常生活是否"尤极守分"呢?

"兴盛泰"主人李维岳,是以做布匹期货生意而发家致富的。据其晚辈回忆:

> 他很喜欢字画,收集的字画很多。解放前,还经常爱去北京收购玉器。在他住的主房里,摆有很多名家字画和玉器古董。家里有一个画桌,周边全部是镂出的各种图案,桌头摆着一个从上海买来的自鸣钟,到了时间会自动报时。屋子里还有水磨石躺椅。他的大儿子出行时都骑着自行车,他自己出门骑着走骡。(访谈记录20090505 - LFZ)

这种所谓的"走骡",并非一般的骡子,而是特指那种行动敏捷者,经过驯养之后专门用来供大家富户出门乘坐的骡子。"从一岁的时候开始,就雇有专人对其进行喂养驯服。其方法是,每天要骑着走

---

① 甘肃省银行经济研究室编印:《张家川经济概况》,载《甘肃省各县经济概况》(第一辑),1942年,第128页。

② In Search of Moslems in China, April 30th to July 2nd, 1936, [unpublished trip diary by Rev. Claude L. Pickens, Jr.], Rev. Claude L. Pickens, Jr. collection on Muslims in China, Harvard-Yenching Library.

骡,直至压得其腰脊骨下陷,从而使人坐上去很舒服,并且骡子走起路来头部扬起,四平八稳,非常协调。如果这种骡子训练得好,一气可跑10多里。"[1] 李维岳所享用的一切,被当地的百姓视为"了不得"的奢华。据其晚辈回忆:

> 在他家里,雇了10多个蛮女子[2],其老母亲有一个,其大婆有两个[3],二婆有两个[4],其长子的大婆有两个,二婆有一个。分给主人的蛮女子主要是负责伺候主人的起居、饮食等细活,剩下的是干打扫庭院等粗活。这些蛮女子有的是买来的,有的则是雇来的。即使是买来的,等到长大以后,也就让她们自行出嫁,甚至有时还为她们添上一些嫁妆。家里吃饭的规矩是很讲究的,他一个人吃一桌,其他的人由蛮女子端到各自的房里去吃。(访谈记录20090505-LFZ)

在老人的印象中,作为父辈的李维岳总是不苟言笑,甚至很少和他交谈。虽然李维岳为人严肃,但在当地的口碑很好,被视为看利最轻的商人。"那时候,如果谁家因为看病等事情急需用钱,找'兴盛泰'总能得到帮助。事后如果没钱还,给李维岳说一声,这笔账就算勾销了。有的人吃不饱了就主动去找'兴盛泰'干活,至少一天能吃三顿饱饭。"(访谈记录20080411-LSR)当地老者的溢美之词使我们对于李维岳除了生意中的精明、生活中的精致之外又多了一方面的了解。

其他行店主的生活方式也显示出了超乎常人的先进。据麻钧的晚辈讲:

---

[1] 参见穆启圣《清末以来张家川的交通运输概况》,载《张家川文史资料》(第三辑),第74页。
[2] 当地对女佣的一种称呼。
[3] "大婆"指第一房妻子。
[4] "二婆"指第二房妻子。

上篇　晚清至民国时期的张家川回族行店

　　他是张家川为数不多的会骑自行车的人之一。车子骑得快，人们看不见车轮上的辐条，只觉得车轮像两个桶圈，当地老百姓从来没有见过这种新式交通工具，还以为是骑着两个桶圈。他经常去上海卖皮货，赚得也越来越多，从洛阳到上海的往返有时就坐飞机。他还经常将上海的生活用品带回家来，当时家里的日用品有从上海带来的德国产的缝纫机、手摇唱机、挂钟、汽灯等。（访谈记录20080408－MJG）

　　在上面的案例中，均提到了行店主家庭的交通工具，要么是时尚的自行车，要么是传统的走骡。除此之外，在当时的大行店主家庭中，还有一种时尚与传统兼容，并具有身份代表的交通工具——轿车。"轿车是铁辂辘，车身小巧精致，轿顶是拱形，左右后都用绿色呢绒布围着，并嵌有玻璃，前面有轿帘。轿车是用走骡、走马拉着。有单套、双套，雇用车夫吆车。轿车是豪门大户人家行路的工具。张家川老司令家（马锡武的公馆里）、恭门崔家、张川李家、龙山王家都有。"① 这些新式交通工具的出现不仅大大便利了行店主的家庭生活，同时也成为他们在地方社会中显示身份的象征。

　　李得仓的一位曾孙，也向我们提及了民国时期自己家里的一些生活细节：

　　当时家里的时髦日用品有从北京买来的穿衣镜，还有以布谷鸟的声音报时的自鸣式西洋钟。我小时候，有一件事情记得特清楚。我父亲从北京买来一个价值30两银子的马鞍和一个价值50两银子的马镫。我就不明白，这么小的马镫怎么比马鞍还贵？最后我父亲告诉我，马镫的中间夹的是银丝。（访谈记录20080404－LSS）

---

　　① 穆启圣：《清末以来张家川的交通运输概况》，载《张家川文史资料》（第三辑），第74页。

| 第四章　行店介入非商领域及其没落 |

在我们收集资料的过程中，还看到了一些行店主年轻时的照片，均是他们在外地经商时拍摄的。如麻钧在武汉时的留影，穿着非常传统朴素，头上戴小黑帽，身穿对襟子的衣服。而摆登高的两幅照片则与此完全不同：一张照片底下标明的是"天津宝章照相，日界"。这张照片的着装既传统，又华美，头戴小黑帽，身穿长袍马褂。据当地老人讲，这种衣服在当地只有富户结婚娶亲时才会穿。另一张照片底下标明的是"京西颐和园园内，德福照相馆"。这张照片的着装非常时髦，身着白色的长袍，脚穿黑色皮鞋。据当地老人讲，张家川本地很少见过这种服装，只有外来的客商时有穿着，但并不多见。那么，这些服装是照相馆的租用装，还是摆登高外出洽谈生意的职业装呢？后一种可能性比较大。我们在秦安的"海兴源"家，见到过一张秦安商人的集体照，均是戴着礼帽，穿着长袍。曾为"海兴源"少掌柜的ASK老人告诉我们，这是在外地做生意时穿的，在秦安本地，几乎没人穿这种"礼服"。从外出做生意的着装上可以看出，当时的一些行店主对外来世界有着较强的接受力。他们虽身居张家川，但一旦行走在都市中，便具有入乡随俗的能力，你还能看出他们是远来的"西客"吗？

虽然这些礼服在本地很少有人穿，但从克劳德·皮肯斯留有的照片来看，作为地方绅士的马桓武在张家川，身着传统服装，头上戴的却是礼帽，[1] 这一中西合璧的打扮也许可以归因为新式风气对于行店主日常穿着潜移默化的影响。由于长期在不同地域间进行商贸活动以及通过经商活动接触不同地域间的人，使得有些回族行店主不再拘泥于传统的生活方式，而是表现出了极强的适应性。

民国时期的行店主，他们的生活方式如同他们的经商地域一样，介于传统与现代之间。他们秉承着传统风格，却同时享受着现代文明，这不能不说是大都市中的经商活动带给他们除经济之外的又一获

---

[1] In Search of Moslems in China, April 30th to July 2nd, 1936, [unpublished trip diary by Rev. Claude L. Pickens, Jr.], Rev. Claude L. Pickens, Jr. collection on Muslims in China, Harvard-Yenching Library.

上篇 晚清至民国时期的张家川回族行店

益。身处落后西北的小镇，如果没有皮毛贸易，他们可能会连同这个小镇一样默默无闻，遵古守旧。但这些勤奋而智慧的商人，他们凭借自己的努力，将一个名不见经传的小镇纳入全国乃至世界贸易网络之中。他们的观念和生活态度也因此不再囿于地方局限，而是受外来新鲜气息的冲击，将在经商中造就的对新事物的接受能力顺利地移植于生活中。对于新式工业制造品的使用，不仅带给他们生活上的便利，更重要的是，他们也可以因此受到地方百姓的羡慕与敬重。这种逻辑完全符合范长江所得出的"前进生活支配后进生活"的法则。①

最后一点需要提到的是，行店主家庭中的婚姻聘娶消费。在摆家后裔为我们提供的资料中，除了民国时期的账簿及为数不多的日常用品以外，还有一份"婚书"。这份"婚书"已经残缺不全，但是在留下的不多内容中，我们仍然可以对当时行店主家庭成员的婚姻消费做一窥视。"婚书"的内容为：

马义不儿足下为妻，情同媒人三面吉定，择吉以成典礼。置备办筵席等费不干马义不儿之事，其财礼洋二万四千元由舅父毛富岐承担，此马义不儿上门之后均以儿女看待，再无生异。如后若有看待不周之处，准将财礼如数交足同媒人舅父领去。所立合同婚单各执一纸存照。祖父：摆仰斋　媒人：毛富岐　女主婚人：摆珍。

这里需要说明的是，摆仰斋即前文的摆登高，是摆珍的叔父，这份"婚书"的签订日期大约为民国三十年（1941年）左右。据当地的老人讲，这样正规的"婚书"只有大户人家在那个时期使用过。对于我们而言，需要关注的是，"婚书"中明白地标出了财礼数额为二万四千元，这在当时来说应当是一笔不小的数目。就当时张家川商人的资本来看，"过去拥有一万元资本之商家，现已变为

---

① 参见范长江《中国的西北角》，新华出版社1980年版，第170页。

便便之大腹贾已。当地最大实力之商号，有不下二三百万元者，至如七八万元之商号，竟占上述商号之十分之四五"①。二万多元的聘礼相当于普通商人总资本的三分之一，能出得起这么高财礼的人家和与之相匹配的人家，在张家川这一地区毕竟还是少数，只有那些有实力的行店主家庭才具有这样的消费能力。

其二，日常生活的消费方式。

作为地方富商的行店主们，其日常家用又是如何消费的呢？"霖发祥"账簿上的一些账目，可以使我们大致了解一下行店主的日常消费方式。

我们选取几笔清晰的账目，如："德盛堂：二十年，下存大洋十元八角，全月（腊月——笔者注）三十日，使大洋八元，又使大洋二元八角（当面一齐算清）"；"桓盛店：正月二十一日，计大洋二十三元。正月三十日，使大洋十元。二月一日，使大洋三元。二月九日，使大洋五元。二月十八日，使大洋三元。二月三十日，使大洋二元。清"；"义盛德：十一月十二日，计大洋四十一元。初九，使大洋四十一元。清"；"万顺和：二十年下计大洋二十元，二月二十四日，使大洋五元。三月十一日，使大洋二元。二十日，使大洋一元。三十日，使大洋一元。五月二十日，使大洋三角。三十日，使大洋七角。……清"。这些账目清单显示行店主们往往是先预存一笔钱，然后再分期拿东西，直到预存的钱花完为止。每一笔钱，消费的时间一般总是集中在一两个月内，其数目也从十几元到几十元不等，且都是以银元作为结算单位。

"兴盛泰"由于与"霖发祥"的特殊关系，他们的消费则主要是先取货、后还款的方式。如："兴盛泰：二十年下欠大洋五元八角五。二月初一，取洋蜡一支。初三，取洋蜡一支。十八日，取红纸烟一盒，借大洋五角。三月初四，取郭纸一刀②，收大洋五角。初九，取

---

① 甘肃省银行经济研究室编印：《张家川经济概况》，载《甘肃省各县经济概况》（第一辑），1942年，第126页。

② 一刀纸即一百张纸。

红纸烟一盒。四月初五,取鸡子①五个……以上共欠大洋十一块二角。过",在账簿的旁边都注明了经某某人之手。

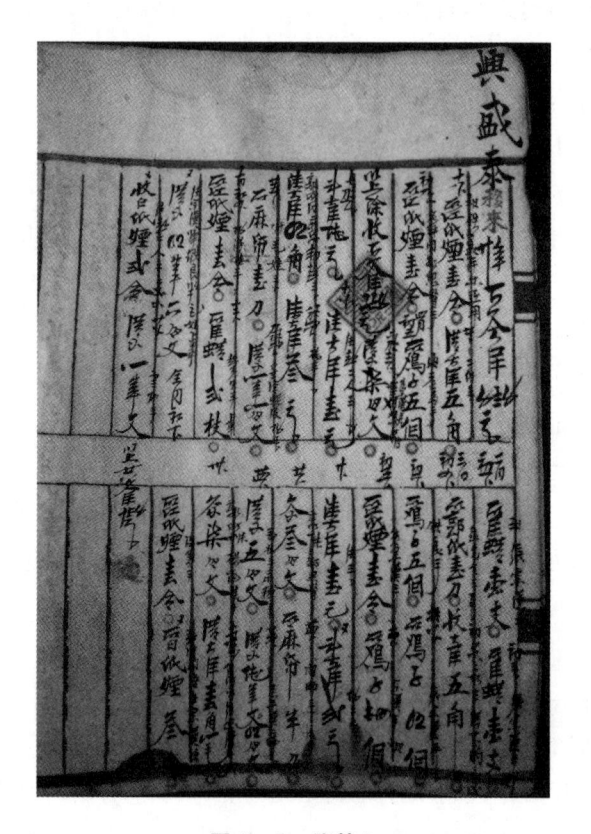

图 4-3 账簿 3

从上面的这种消费方式可以表明:(1)行店主的日常生活较为阔绰,这可从其每个月的消费额中看出;(2)行店主的日常开支也是由账房经手,专人负责。这种预付的方式便于账房的统一支出、记账和管理。与"霖发祥"发生交易关系的行店经手人皆不是行店主本人,而是另有其人,如"兴盛泰"和"霖发祥"的交易中,经常出现"经张宗汉之手"。

---

① "鸡子"即鸡蛋。

第四章 行店介入非商领域及其没落

除了上述诸多形式的消费外，我们还需着重指出的是，作为地方的开明士绅，行店主又将大量资金投向地方教育领域。

第二节 行店对教育的渗透

就地理位置而言，张家川回族自治县今天的辖区，晚清至民国时期处在清水县、秦安县以及庄浪县的三角地带。由于交通不便，偏僻闭塞，张家川的各项社会事业都显得相当落后，教育事业更不待言。落后的教育势必影响到一个民族的生存与发展，因此，建设与发展教育在当时显得尤为迫切。率先认识到这一问题的紧迫性并付诸实际行动的，是一批开明的地方士绅，其中不乏一些明智的行店主。那么，是哪些原因让他们对于发展地方教育如此热衷，又是怎样身体力行的呢？

一 兴办教育的原因

1. "汉族会计（经理）"现象与地方教育的萌芽

我们在对晚清至民国期间的调查中，发现了一个盛行于行店主经营活动中的现象，即"汉族会计（经理）"现象。它主要指的是，张家川的行店主在雇佣账房先生或者商号总经理等重要职位的人员时，往往选择汉族人士来担当。这一现象在当时极为普遍，不能不引起我们的重视。

作为行店在张家川的创始者，李得仓在这方面同样开了先河。在其十大商号的经营过程中，他聘用了一个特殊的人物——杨兆甲。关于杨兆甲的生平经历，曾有这么一段翔实的描述："杨兆甲先生，字岩山（人们通呼杨贡），张家川王堡村人，汉族，清末贡生。……杨兆甲的书画杰作，和弃官不做而有志范蠡，得到张家川最大绅士李大帅即李得仓的赏识，请去做了李大帅所经营的'十大商号'的总经理。兆甲理财有方，使十大号的生意兴隆。可见他不仅是文人学士，而且是理财能手。"[①] 也

---

① 穆启圣：《清末以来张家川的书画家》，载《张家川文史资料》（第二辑），第114页。

许是由于杨兆甲的成功，也许是行店主的开明，总之，在其之后，大量的汉族人士进入了地方商业圈，并充当了要职。马元超创办的"义信德"商号的总管是杨清瑞（绰号杨跛子），总会计则是汉族人赵德安。① 除此之外，我们在对一些行店主后裔的调查中，还获得了一些没有被载入史册的资料："俊义成"的账房先生是汉族人毛子荣；"德盛堂"的总经理是陕西华阴汉族人潘正德；"兴盛泰"开办的布行和染房，曾聘请了张川大阳的汉族人张全玉全权经营；"德兴店"雇的会计是秦安陇城的汉族人王世英。从这些调查资料中，我们可以发现，汉族的优秀人士广泛地存在于地方商业网络中。

事实还不止于此。无独有偶，克劳德·皮肯斯在1936年的游记中，针对张家川的情形也有一个类似的描述："穆斯林收税官雇佣一个汉族人为他记账，我们在其他地方也发现了很多类似的例子。"② 皮肯斯的描述虽然简单，但却给我们的发现带来了强有力的支持。这一发现也许在当时给他也同样带来了惊诧，但是他却没有为此作出解释。我们该如何理解这一普遍存在于张家川的"汉族会计（经理）"现象呢？

可以说，这一现象表明了回族士绅的开明与任人唯贤，同时它在更深层次上表明了当时的回族教育普遍处于一种落后的状态。由此，汉族中的优秀人士才会被行店主所看重，并在其生意圈中谋得重要职位。"汉族会计（经理）"现象在某种程度上促成了当地回族人士对于文化教育自然而然的接纳与吸收，进而成为他们各个时期热衷教育并积极办学的原因之一。"在蔡金贵捐资兴办'义学'的带动下，张家川人苏尚达、李得仓、金盛魁、恒盛元、摆瀛高等先后在家办起了家学，这是张家川启蒙教育的基础。"③

---

① 参见马国瑸主编《宣化冈志》，甘肃人民出版社2005年版，第114页。
② In Search of Moslems in China, April 30th to July 2nd, 1936, [unpublished trip diary by Rev. Claude L. Pickens, Jr.], Rev. Claude L. Pickens, Jr. collection on Muslims in China, Harvard-Yenching Library.
③ 穆启圣：《蔡金贵传略》，载《张家川文史资料》（第三辑），第170—171页。

这些回族中有远见卓识的知名人士兴办私塾与学校，很多学校按照正规的学制教学，被当地群众称为"洋学堂"，如阿阳小学、南后街回民小学、龙山镇西街小学等。① 范长江在描述20世纪40年代宁夏北部商业繁盛的第一大镇（黄渠桥）的回民教育时写道："这里的回民，他们自己已经发生了读汉书的需要，自动送子弟上小学。礼拜寺的教主，最初阻挡这种情形，要令小孩们读可兰经。他们家长答复教主说：'我们子弟读了汉书，立刻有用处，可以帮助家计，但是读了经书又有什么用呢？'"② 可见，学校教育在回族地区之所以被普遍接受，与其实用性的功能是分不开的。在当时的张家川，地方教育的发展同样与行店经济的发展紧密联系。

2. 对外经商带来先进教育理念的植入

行店主在生意场中的经营活动是他们投资教育的又一影响因素。行店的经营不同于其他买卖，它是专门负责皮毛、布匹等大宗货物的成交或批发，从中抽取佣金或赚取货物的差价。这种经营特性决定了行店的运营势必依赖于不同地域间的人际互动，它意味着行店和不同区域的客商打交道，同时行店主也要深入不同的区域发展生意，是一种双向的流动。由不同地域间人们的流动而形成的外向型经营，使得行店主对于信息的捕捉非常敏感。随着不同地域间人际互动的加强，无论是外来客商信息的传播，还是行店主自身在外地的所见所闻，都会不断地刺激他们对于教育的认识，进而意识到发展教育对于其自身的意义，这应当是他们最终决定把资金流向教育领域的一个关键要素。

尤其值得一提的是，在行店开展的所有业务当中，那些在发达地区开展的贸易活动对行店主的影响更大。由于规模较大，不时需要行店主远行这些地区亲自打理生意，外出经商机会的增多无疑加强了行店主对外在社会的了解。在发达地区经商期间，他们不仅改善自身的物

---

① 参见马锦荣《忆张家川阿阳小学》；马河图《张家川南后街回民小学简史》；吴锦章《我的母校——忆龙山镇西街小学》等，均载于《张家川文史资料》（第二辑）。

② 范长江：《中国的西北角》，新华出版社1980年版，第208页。

质生活，同时也转变着传统的价值理念。发达地区的文明，尤其是先进的教育理念，或多或少地触动着他们那根向往先进、摆脱落后的神经，进而坚定了他们致力于发展地方教育的决心。可以肯定地说，在与外界经商的过程中，行店主的最大收益并不仅仅是为自身赢得了万贯家资，更重要的是植入了惠及子孙的教育理念。在这一特殊的群体范围内，当时的这种理念转变应当说是一种群体性行动。因为在搜集资料的过程中发现，每一所学校的建立大多数都依赖于一个董事会，而董事会中的成员又总是包括了一些较有名望的行店主。这一群体效应的存在，说明行店主对于教育的热忱绝不仅仅是一种个人行为的表达，而是商人阶层致力于地方事务发展的一种实力绽放。

3. 地方学士的鼓舞号召

当地有识之士的循循善诱，也促成了行店主把视界扩大到教育领域。基于当地教育的落后局面，一些地方知识精英认识到发展教育事业的紧迫性，但限于自身没有足够的经济实力，只能满怀对教育的热情一筹莫展，而行店主所拥有的雄厚财力，却可以成为他们发展教育所凭借的资源。因此，知识精英通过宣传造势，启发行店主理解教育对于一个民族的意义，继而鼓动他们积极发展地方教育事业，使其纷纷转变为许多学校的董事会成员。

以新民中学的创建过程为例，"从国立十中、陇东师范毕业回张家川从事教育事业的学生如李文著等同志，亲身体会到去远地升学的难处，长此下去会影响地方教育的发展。认为在张家川很需要办一所中学来解决这个问题，于是他就大造舆论，大讲要办中学。这个倡议首先得到马重雍、马海峰、马安民等老一辈的赞同，不时地在马桓武先生跟前提意启发。……得到了马桓武的同意，情愿出头出资办中学"[①]。新民中学的建立是知识精英和地方士绅的一次成功联合。不过，这种办学模式并非首创，早在其创办之前，就有过这样的先例。

---

① 穆启圣：《建国前张家川的几所学校》，载《张家川文史资料》（第一辑），第47页。

如龙山镇的西街小学，就是由甘肃省立师范学校毕业的杨济，提倡发展教育，并鼓动地方士绅联合办的学校。①

文化人士虽然对教育抱有热情，但其自身没有足够的号召力和经济实力，而通过获得作为地方士绅的行店主的支持，便可使得这种热情成为一种实际的行动。在这些有识之士的激情鼓舞下，行店主开始重视教育，纷纷对教育解囊相助，这股不可忽视的力量推动了地方教育的蓬勃发展。

4. 地方政府对教育投资的严重不足

在促使行店主对教育投资的原因中，还有至为重要的一个因素，即客观上存在的政府对教育的漠视，从而造成严重的投资不足。地方政府的这种失职行为，造成了当时教育局面的一片萧条。在政府无力投资教育的情况下，为了打破这种萧条局面，只能端赖于地方民间力量的办学。"经辛亥革命，民意之声日昌，兴学育才之风大开。清水县城和部分乡镇小学，多为募捐开办。"②这表明，在清水县城和部分乡镇中，地方教育的发展初期，政府一直是缺席者，所创办的正规教育几乎都是民间力量积极投资兴办的。当时归属于秦安县管辖的龙山镇，其教育的发展也同样如此。龙山镇西街小学在杨济的提倡下开始创办，"并呈请秦安县政府批准。县教育局只准建校不发给资金，公费资金都要由地方上筹备"③。由此可见，当时政府对教育的发展持一种听之任之的不作为态度。

之后，随着国内时局的动荡，加之西北发展的落后，政府在地方教育中一直未能积极投入。我们以民国三十四年（1945年）及民国三十五年（1946年）的一笔账目来看当时政府的经济困境："县财政收入留县部分，列入县预算岁出，常时和临时两部分支出，以常时为

---

① 参见吴锦章《我的母校——忆龙山镇西街小学》，载《张家川文史资料》（第二辑），第13页。
② 清水县财政志编纂小组：《清水县财政志》，油印本，1999年，第64页。
③ 吴锦章：《我的母校——忆龙山镇西街小学》，载《张家川文史资料》（第二辑），第13页。

主，临时为辅。随法币不断贬值，一落千丈，预算支出虚充门面，履行手续而已，以代征发实物维持其残喘。……三十四年预算岁出638万元，实支633万元，仅一年预算似吹气球，三十五年岁出增至4688万元，增长11倍，多支法币4050万元。三十五年岁出预算中，行政经费占10.64%；文教2.54%；经建0.58%；保安1.03%；财务0.92%；实业协助0.18%；员役补助78.68%；管理费2.15%；其他0.14%；预备金3.14%。各项预算实质只两部分：一为人员工资补助支出3665万元为主，占岁出的四分之三强；一为公务费岁出，占预算的四分之一弱，预算经济及建设支出只具项目，其中列育苗造林费3万元，合市面流通银币2元；教育文化支出列防疫费1.45万元，只不过塞人耳目，于事无济。"① 这一段史料清楚地表明，政府由于受到货币贬值的影响，对于地方事业发展的投资在不断缩水。民国三十五年（1946年），虽然列出文教占总支出的2.54%，如果按照当年岁出预算4688万元计，支出数额可达上百万元，但在法币一再贬值的情况下，实际投入则微乎其微。

　　正是在地方政府没有经济能力发展教育的情况下，作为地方富商大户的行店主被推到了发展教育舞台的前沿。如同民国时期全国其他地方的发展情形一样，民间力量在教育界如火如荼地发展，既可以被认为是民间开明人士的一种积极作为，似乎也可以被看作对政府无力发展地方教育事业这一窘境的极大讽刺。政府在教育发展中的严重缺席，使商人阶层在教育发展中处于重要地位，扮演了不可替代的角色。

　　5. 行店主自身的因素

　　当然，所有外因的落实都必须借助一个内因的平台，否则，外因的功效将会被大大削弱。教育领域发展的内因无疑是那些本身就重视教育的行店主。马重雍先生在其中堪称表率，他是一位热衷于教育事业的地方绅士。在创办张家川南后街回民小学的过程中，他的积极作

---

① 清水县财政志编纂小组：《清水县财政志》，油印本，1999年，第62页。

第四章　行店介入非商领域及其没落

为可见一斑:"张家川城里那时只有中街的阿阳小学和西关初级小学,回民子弟在这两处学校里读书的为数不多,回民群众百分之九十以上是文盲。这种文化教育落后的事实,引起了马重雍先生的关注。于是,马先生经过一番思虑后,便和张家川一些关心回民教育的人士商量,决定在张家川筹办一处回民小学,以解决回民子弟上学读书困难的问题。经过商量,大家的意见一致,便由他亲自出马,邀请热心教育事业的赫全安、马安民、马振河、马守义、肖子福、萧世安、摆瀛高、刘士栋和他本人共九人,组织成立了'回民小学董事会',开始筹备工作。"① 在马重雍先生的诱发下,涌现出很多热心教育事业的行店主,如大德店的马安民、福来店的马振河、旗盛店的肖子福、德兴店的摆瀛高及全兴店的刘士栋等。他们对于地方教育的热情与远见卓识,正是大量资金能够流向教育领域的一个直接而颇有动力的原因。如果没有他们的自觉意识,所有外在的影响都会大打折扣,而推进教育的行程也将由于内力不足而滞缓。

　　正如前文所述,行店主之所以介入教育,还有一个更为客观的基础——他们具有创办教育的经济实力。教育的发展总是离不开地方经济的支持,对于这一时期的张家川而言更是如此。地方学校的创办起初全是私立,即使政府的批准也仅仅是备案,并不对其进行实质性的资金投入。这导致教育创办之初所需的资金和设备完全由地方社会募捐和筹集,加之"居住在张家川的回族教胞,除少数几大家以经营商业外,绝大多数以农为业,经济贫困"②,因此,对地方教育的投入更多是由地方商人来承担的,在校董事会成员中有为数不少的行店主,他们捐资、捐地兴办教育。毋庸讳言,是坚实的经济基础造就了他们对张家川教育的最初贡献。

　　此外,我们还要指出的是,晚清至民国时期的行店主,无论如何

---

① 马河图:《张家川南后街回民小学简史》,载《张家川文史资料》(第二辑),第1页。
② 马子正、马锦荣:《张家川女小的始末》,载《张家川文史资料》(第四辑),第88页。

富有，他们绝少有走出张家川，从而在外经商定居的。在生活中，家的概念从来没有动摇过，西北的那个小镇就是他们固守一隅、终老一生的地方。无论是因为思想的保守，还是因为故土难离，这种事实上对于故土不离不弃的眷恋之情，也许正是他们回报桑梓、造福地方的又一动力。

这些内因和外因的结合，促使行店主在教育领域积极作为，从而为张家川的教育事业作出贡献。

二 行店主在教育领域中的践行

行店主对教育的远见卓识必然使他们乐于奉献教育，从而转化为对促进教育发展的实际举措，其贡献表现在以下三方面：

1. 直接投资

在政府投资严重不足的困境下，当地一些知名人士主动筹措款项，发展教育事业。作为地方士绅阶层的中坚分子，行店主也积极地加入到兴办地方教育的行列之中。如张家川南后街回民小学的建立，正是"马重雍先生首先将自己在张川镇南后街的一座院落，共有房屋二十五间，捐赠给学校作为校址。校名定为'私立张家川南后街回民小学'，回汉儿童兼收，经费除由董事会负责向社会上热心教育的人士募集一部分外，大部分由马重雍老先生捐助"[1]。以此为代表，行店主在这方面的有关详细情况，我们可结合表4-1略知一二。[2]

---

[1] 马河图：《张家川南后街回民小学简史》，载《张家川文史资料》（第二辑），第2页。

[2] 此表是笔者参照马国瑛主编《宣化岗志》，甘肃人民出版社2005年版；李文著、李生民《新民中学在张家川的历史地位》，载《张家川文史资料》（第一辑）；穆启圣《建国前张家川的几所学校》，载《张家川文史资料》（第一辑）；马锦荣《忆张家川阿阳小学》，载《张家川文史资料》（第二辑）；马河图《张家川南后街回民小学简史》，载《张家川文史资料》（第二辑）；张全义《解放前的西成初级小学》，载《张家川文史资料》（第四辑）等文献所记载的人物事迹整理而成。在内容筛选上，作者以既开行店又办教育的相关人士作为考察对象。

表4-1

学校名称	成立时间	与行店的关系
张家川阿阳小学	1930	校董事会成员有：马辉武（仰一堂店、乾和真店）、崔瑛（福德店）、摆瀛高（德兴店）
张家川西关小学	1932	创始人：马负图（恒盛元店）、萧子福（旗盛行店）
张家川南后街回民小学	1933	校董事会成员有：马重雍（惠丰店）、马安民（大德店）、马振河（福来店）、萧子福（旗盛行店）、摆瀛高（德兴店）、刘士栋（全兴店）
东关小学	1938	借用马桓武（桓盛店）先生东关的房院，把第一保短期小学搬迁在内，取名"张川东关初级小学"
张家川新民中学	1946	校董事会成员有：马桓武（桓盛店）、马重雍（惠丰店）、马振河（福来店）、萧子福（旗盛行店），马桓武为董事长。他捐了他私人在东关的前后两个院子及房屋，共五六十间，连同后边的梨园。还将自己在东关的大约五亩多的一片场地捐给学校作为操场

从上表可知，在地方教育的创办过程中，行店经营者直接参与了当地教育事业的创办与发展。他们不仅提供资金，有的甚至还捐献出自己的院舍，对于地方教育的发展，的确功不可没。如果不是一种自觉意识作支撑，难以理解他们怎么会有如此积极的作为。

2. 以身示范

行店的跨区域经营使得有些行店主自身就特别重视教育。行店主长年累月地接待外地客商或是行店主远到外地经商，这种外向型的经营模式使他们有机会了解外面的信息，从而促成他们旧有思想观念的转变。可以说，他们对教育抱有的远见卓识，和对外经商所形成的开明思想分不开，而这种开明思想，也促成了他们在教育方面的"身先士卒"。这表现为，他们一方面把大量的资金投向教育领域，另一方面也以切身的表率行动参与其中："1925年到1942年，张家川城内虽建有3处小学，但上学儿童甚少，而且都是男生。广大女童，由于历史上长期受重男轻女思想的毒害，和伊斯兰教规的约束，90%以上从幼年就失去了学文化的机会。唯有张家川西关知名人士马平侯，由于他泡皮货[①]，

---

① 当地人把熟制生皮的行业叫"泡皮货"。

常去天津、上海,开阔了眼界,为让女儿马凤英上学,避人讽刺,讥笑,就给她剃光头,穿麻鞋,女扮男装,送到西关初级小学上学。"①马平侯"送女读书"的创举不仅使自己的女儿受益②,而且也起到了移风易俗的作用,在当时堪称表率。他的这一举动开创了张家川女子上学的先河,带动了本地很多女童上学读书、接受教育,在当时具有重大的积极意义。

此外,我们还注意到,有些行店主对于后代的教育也颇为重视。如,麻钧的长子毕业于陇东师范学校;摆瀛高的几个儿子分别毕业于甘肃法政学堂、黄埔军校第七分校等;而崔伟的孙子崔蕴山则毕业于甘肃省立政法专门学校。回族行店主供给子弟读书的做法,遵循着其他地方商人的行为逻辑,即在发家富裕以后,往往以子弟接受良好教育来光耀门庭。李大帅公馆所在巷子的门楼上曾有"有书真富贵,无事小神仙"的对联,一语道出了真正的富贵不是雄厚的家资所能代表的,只有"书"才能改变一个家族、一个民族的精神气质,才能塑造出真正的贵族品质,这副对联无疑道出了行店主对于书香气的崇尚。

作为地方士绅的代表,行店主的一言一行都对地方百姓有着不可忽视的号召力。他们重视教育、参与教育的这种以身示范的行为,无疑在地方社会中起到很好的表率作用,这种身体力行的示范行为所产生的效用不亚于直接投资办学的功绩。

3. 尊师重教

尊师重教是行店主热衷教育的又一行为表现。据史料记载,"当时汉民中还有一位办学的,就是高攀桂,人称高老爷,系清代秀才。他为人正直,善于交际。自从他搬住上磨场房以后,在自己家中兴办私学,自己担任教师,教《朱子家训》、《百家姓》、《三字经》、四

---

① 马子正、马锦荣:《张家川女小的始末》,载《张家川文史资料》(第四辑),第88—89页。
② 马平侯为"恒盛元"行店主、"张川镇西成初级小学"("西关小学"的前身)的创始人马负图的长子。

书、五经等,学者有回族,亦有汉族"①。高攀桂教书在当地很有影响,因此当他去世后,"张川镇回民中的名人贤达,为高老爷挂幛的有马桓武、马国选、马海峰、马寿山、马仰融、萧世安、李维岳、肖子福、太和成、李映西等"②。"挂幛"是当地的一种风俗,在人去世后,与其交情较深厚的亲朋好友会买两米布,为其挂幛,在当地算是一份厚礼。"挂幛"之举表明,包括一些行店主在内的地方人士对教育者的代表高攀桂的尊重与重视,同时也表明了行店主对教育的推崇。

毋庸讳言,这一时期,张家川地方教育之所以能够在较短的时间内得以顺利发展,和当地行店的大力支持密不可分。在发展地方教育事业方面,行店主不但投入大量的财力和物力,而且还以他们自身的实际行动积极参与其中。正是由于行店力量的积极介入,才使地方教育的发展逐步兴盛起来。行店,成为地方教育发展史中不可或缺的一笔。

第三节　最后的没落

行店在张家川经历了从无到有的过程,它的产生促进了地方经济的发展,使得张家川作为一个皮毛集散地闻名全国。"张川为陕甘商业之集散产所,往昔平津毛商,多荟萃于此,东南花布,亦以此为广大销售市场,'张川'二字,脍炙人口者固已久矣。"③张家川之所以能声名大振,源于其皮行和布行的经营。但是在经历了抗日战争与紧接着的国内战争后,行店的经营规模受到影响而开始趋于没落了。

抗日战争时期,由于东面铁路中断,张家川只有少量的皮毛由胆大

---

① 马锦荣、王兆兰:《张家川民族团结轶事》,载《张家川文史资料》(第三辑),第155页。
② 马锦荣、王兆兰:《张家川民族团结轶事》,载《张家川文史资料》(第三辑),第156页。
③ 甘肃省银行经济研究室编印:《张家川经济概况》,载《甘肃省各县经济概况》(第一辑),1942年,第124页。

的商人乘坐汽车运往上海等地，由于一路要遭受日本人的盘查，虽然利润很高，但能去东路继续贸易的却很少，大量的皮毛只能转移市场，开始销往成都和重庆。销售市场由东向西的转移，使得受到战争严重影响的皮毛业和布匹业，只能勉力维持。据民国三十年（1941年）的调查，张家川市面上集散的重要商品有下列种类，如表4-2所示①：

表4-2

货品种类	来源地	数量	品质	民国二十九年（1940年）单位价格（元）	民国三十年（1941年）单位价格（元）
棉花	陕西渭南、宝鸡	60万斤	优良	300/百斤	360/百斤
羊毛	甘肃临夏、靖远、海原	40万斤	同上	130/百斤	130/百斤
绵羊皮	同上	2万张	同上	3/张	6/张
二毛皮	同上	4万张	同上	4/张	15/张
山羊皮	同上	2万张	同上	3—4/张	4/张
狐皮	同上	1万张	同上	30/张	60—70/张
崖狐	同上	300张	同上	180/张	280/张
水獭	西宁	100张	同上	未详	300/张
鼬鼠	甘肃	800张	同上	3/张	3/张
豹皮	同上	300张	同上	未详	180/张
牛皮	同上	2000张	同上	30/张	60/张
匹头	陕西、成都	4000匹	粗劣	120/匹	170/匹
杂货	同上	不定	——	不定	不定

从上表中可以看出，当时张家川的皮、毛、棉、布数量有限，但质量上乘，并且大多数的物品价格都有上涨的趋势，一般都上涨50％，乃至更多。价格的上涨，对于凭大宗货物交易而抽佣和进出差价而赢利的行店来说，无疑是积聚资本的最好时机。由于战争的影响，此时的销售方式与以往也大有不同。以往"于秋冬之季，庄存棉

---

① 甘肃省银行经济研究室编印：《张家川经济概况》，载《甘肃省各县经济概况》（第一辑），1942年，第124页。

花、匹头以及羊毛、皮类等,春夏之间,即行出售,惟近数年来,此种习惯,显被打破,因随买随卖,均有厚利可图,不若过去之均守季节,以俟货价之涨落也。……近年来张川商民,均获有厚利,过去拥有一万元资本之商家,现已变为便便之大腹贾已。当地最大实力之商号,有不下二三百万元者,至如七八万元之商号,竟占上述商号之十分之四五"①。然而好景不长,战争形势的变化给地方市场带来极大的冲击。抗日战争的持续导致一些商号倒闭,也同样造成了物资匮乏,对于整个商业环境来讲,战争毕竟是一个破坏性的因素。"抗战军兴,大批壮丁东去,成群难民西来,张家川地区一度从虚假的繁荣步入骤然的萧条。原先的许多皮行相继倒闭,大资本家发财的梦和小商贩赖以求生的幻想,同时象肥皂泡一样破灭。"②曾在县政协工作过的一位老者回忆:"抗日战争胜利后,行店大量倒闭的原因主要是商品的大幅降价,比如布匹的价格跌得很厉害。有些行店存了大量的货物,高价收回的货物只能低价卖出,很多行店因此赔本倒闭。"(访谈记录20080411 – LSR)

  行店这一衰落趋势在紧接而来的解放战争中加快了步伐。"特别是在解放前夕,国民党反动政府和胡宗南、马步芳对广大回汉人民横征暴敛……使广大商人关门。"③围绕着行店衰落的,是整个市场格局的变化。对于这一时期以布匹业和皮毛业为龙头的整个市场情形的变化和具体商户数量的增减,我们可以民国三十年(1941年)④、民国三十七年(1948年)的调查数据为例⑤:

---

① 甘肃省银行经济研究室编印:《张家川经济概况》,载《甘肃省各县经济概况》(第一辑),1942年,第126页。
② 张家川回族自治县工商行政管理局编:《张家川回族自治县工商行政管理志》,1991年,第38页。
③ 张家川回族自治县工商行政管理局编:《张家川回族自治县工商行政管理志》,1991年,第38页。
④ 甘肃省银行经济研究室编印:《张家川经济概况》,载《甘肃省各县经济概况》(第一辑),1942年,第124页。
⑤ 民国三十七年数据出自王凤翼等编纂《清水县志》(卷五《财赋志》),清水县参议会,1948年石印版。

上篇　晚清至民国时期的张家川回族行店

表4-3

业务种类 \ 家数 时间	民国三十年（1941年）	民国三十七年（1948年）
花布业	49	15—16
皮毛业	33—34	7—8
清油业	6	20家左右
药材业	15	8—9
海味业	11	——
京货业	9	——
盐店业	4	——
木匠铺	4—5	8—9
铁匠铺	5—6	5—6
裁缝铺	7—8	——
鞋匠铺	2—3	——
土布摊染房	——	14—15
杂货铺	7—8	24—25
山货农器摊铺	——	20余家
脚骡客店	——	10余家

（注：表中的"——"代表数量不详）

由上表中不难发现，经历了两次较大的战争，张家川回族行店所剩数量已经寥寥无几。花布业和皮毛业面临锐减的趋势，药材业也受到严重打击。与大宗物品交易的惨淡经营形成对照的则是解决基本民生的清油业、木匠铺、杂货铺的增加。如果说，抗日战争时期，西北作为大后方，还可以源源不断地供应物资，并在西部形成一个销售市场，而一些胆大的商人还可以通过东西之间的贸易差额扩大资本的话，那么，到了解放战争时期，整个国内的局势一片动荡，西部的宁静也被打破了，这对于行店业而言，无疑是断绝了生路。西路的物资运不出去，东路的物资运不进来，而且成都、重庆的市场也遭到了破坏，作为赖"中转"为生的张家川行店业来说，几乎陷入了全面停滞的状态。因此这一时期也就成为富商大户大量购买土地的时期,他们希望以此来弥补商业上的损失。大量的商业资本流向了土地,进而掀起了购买土地的狂潮。

新中国成立后,国家对行店业实行了统一管理的政策,"从1956年1月开始,通过'委托加工,计划订货,统购定销,经销代销,公私合营'等一系列从低级到高级的过渡形式,到当年10月份,对张川、龙山、恭门、马鹿等几个主要集镇的594户私营工商业者进行了社会主义改造,加强了对流通领域的控制,限制了对资本主义工商业的发展,至年底,全县资本主义工商业改造顺利结束"[1]。在这次改造中,通过公私合营,很多富商大户将全部资产上交国家。如麻钧在公私合营中,把行店、皮毛作坊及其家私等全交给了国家,成为一名普通的营业员,一直工作到退休。在社会主义改造中,李维岳的态度也非常积极,作为张家川的经商大户之一,他在报实资金的问题上,主动报出黄金10两,[2] 在公私合营中把他的私有财产大量捐给了国家,任"四方公司"的经理。刘士栋的"全兴堂"于1955年社会主义改造基本完成时,参加了公私合营,任第一任院长。[3] 诸如此类,不胜枚举。

也正是随着社会主义改造的结束,民国时期的行店业画上了句号。

---

[1] 张家川回族自治县工商行政管理局编:《张家川回族自治县工商行政管理志》,1991年,第6—7页。
[2] 参见张家川回族自治县工商行政管理局编《张家川回族自治县工商行政管理志》,1991年,第48页。
[3] 参见刘士林《戬谷堂》,载《张家川文史资料》(第一辑),第188页。

下 篇

张家川回族行店的现代接续

第五章

行店的重建与衰变

晚清至民国时期的张家川回族行店，基本上在中华人民共和国成立前夕就行将结束了，其尾声在1956年的公私合营中彻底终结。直到改革开放以后，一度消匿的行店开始以崭新的方式恢复运营，现代行店悄然兴起。其市场布局主要集中在县辖的张川、龙山两镇，并以龙山镇为主体。一段时间以来，由于行店业的辉煌经营，龙山镇一度成为西北最大、中国第二的皮毛集散地。但近些年来，行店业却陷入一种难以持续发展的困境。综观这段时期，是现代行店从兴起、繁荣到衰落的一个历程。

第一节 行店的重新建立及辉煌经营

一 市场建立的标志性事件——"高昌远"的开张运营

现代意义上的行店直到1983年才真正开始形成，而老字号"高昌远"的重新开张则成为这一时期行店业建立的标志性事件。作为张家川县第一家私人联营的皮毛货栈，"高昌远"的历史性意义在于它的开张标志着行店业的重新建立。关于这一事件，在有关张家川的史志资料上多有记载。但是，有关"高昌远"的开张过程，及其"高昌远"的主人，也是现代行店业的复兴者MFC，却没有太多的笔墨去刻画。也许，正是由于当地人的"熟视"，从而造成了对这一过程的"无睹"。史料上留有的空白促使我们对于皮毛

| 下篇　张家川回族行店的现代接续

市场的调查将从"高昌远"的开张入手，怀揣着这一想法，笔者踏上了前往龙山镇的调查之旅。①

如今的龙山镇，依然只有一条南北走向的街。没有逢集之日，整个街道是寂静的，除了三两个卖锅盔者，找不到可以供应早饭的地方。下车伊始，通过当地人的引荐，笔者住进了条件较好的旅馆，虽是私人开设，但干净、整洁，设备也较好，有不错的席梦思床和暖气。而在相邻不远的电力招待所，设备简陋，仍然以大铁炉作为取暖的器具。旅馆的老板了解到笔者是做社会调查，特意提供了一间具备洗漱条件的房间，算是优待了。因为初来乍到，一切都是陌生而新鲜的，我们彼此之间闲聊了起来。巧合的是，从他的谈话中得知，他的父亲正是"高昌远"的主人。

对于在异地调查而言，这是一个好的开端。在后来的调查访谈中，给笔者的经验是，和人们之间不经意的闲谈，往往带来巨大的信息收获。这可能主要是因为我们调查的主题地域集中，居住在较小社区的人们彼此之间熟识，由于姻亲的关系经常是亲戚套亲戚，这就使得信息变得非常集中。通过初始几个人的调查，信息就会发生"滚雪球"般的效应，形成诸多的信息链，而这些遍布于熟人间的信息链最终又形成一个较大的信息网络。这个网络的形成，其好处不仅在于为我们提供了大量的信息，而且信息的真实度也被提高。因为一条虚假的信息，将会导致其他的信息无法与其链接，从而出现网络的漏洞。而真实的信息则彼此之间互相印证，形成一个紧密的信息网。

如此意外的收获，让人兴奋不已。和旅馆老板的谈话中得知，其父已于几年前去世。有关父亲经营行店的情况，他知之甚少，只有他的大哥MJG最为熟悉。MJG在当地的皮毛圈中，是一个家喻户晓的人物，当年，中央电视台在龙山镇拍摄《皮货与穆斯林兄弟》时，不仅让他作为代表出镜，而且还对他做了专门的特写。

---

① 依照行店在历史上发生的布局，我们将有关行店在晚清至民国时期的资料搜集田野点主要选在了张家川镇，而有关现代行店的调查，则将田野点选在龙山镇。

| 第五章　行店的重建与衰变 |

据 MJG 回忆："我父亲可以说是白手起家。解放前，他就和皮毛打上了交道。如同众多的回族兄弟一样，他也是从皮毛贩运开始。16 岁做背夹客，和当地人合伙从外地贩运皮毛，路途辛苦，而且风险很大。稍有资本后，他就从当地的皮毛作坊里收回一些皮毛半成品或成品拿到北京'牛街'的皮毛商行销售。在积累了一些资本并在生意场中建立了一定的人脉之后，他与我们亲戚一道创办了'高昌远'字号，从那后就只在龙山开店再不用跑外面了。解放后，凭借着对皮毛娴熟的甄别经验，他被国家招收为供销社的正式职工，负责皮毛的购销。1980 年后，作为龙山镇供销社的退休职工，又被返聘回去做了营业员，并当上了县里的政协委员。"（访谈记录 20090407 – MJG）正是供销社的营业员和县政协委员这两种角色的担当，直接促成了 MFC 后来创举的实现。

当然，任何地方的经济发展与当时全国发展的总趋势是分不开的。随着改革开放政策的逐步推进，被关闭了十多年的皮毛市场被重新开放，"1980 年 11 月，全县开始恢复传统的皮毛交易市场"[①]。由于历史上张川镇、龙山镇就是著名的皮毛集散地，因此这一市场的恢复，立即吸引了全国各地的皮毛商前来采购皮张。皮毛客商的到来催生了行店的再现，对此，MJG 谈道："1983 年以前，就有河北、湖南、四川、陕西、山西、河南、山东等七个省的客商来到龙山收购皮毛。由于当时龙山还没有行店，也几乎没有旅馆。这些客商只能遵循着传统的模式，采取入住当地人家里，委托他们收购的方式来购买皮毛，这些帮人收购皮毛的就以打佣的方式赚取酬劳。我父亲由于曾任供销社的营业员，和很多客商有过交往，许多客商就选择住在我们家里，并全权委托我父亲代为收购皮毛。"（访谈记录 20090407 – MJG）

客商大量入驻张家川龙山镇，在这种情况的刺激下，MFC 以政

---

① 参见张家川回族自治县工商行政管理局编《张家川回族自治县工商行政管理志》，1991 年，第 21 页。

| 下篇 张家川回族行店的现代接续 |

协委员的身份向县里提出建议，要求恢复货栈经营。最终随着"让一部分人先富起来"的政策推进，县里相关领导终于同意允许办货栈。MFC立即联合另外三名退休人员，沿用当年的老字号"高昌远"，于1983年办起了龙山第一家皮毛货栈。由于"高昌远"年代久、资格老，人们习惯称之为"老货栈"。"老货栈"对外地客商一直免费提供住宿，并且按照有关部门的规定，以1%的比例抽取佣金。为了稳固与客商建立的关系，"老货栈"不仅为客商提供优质的服务，如以最短的时间寻求最优的货源，而且，"在客商来的最初两天和将要走的最后两天，我父亲都会请客商吃饭，以期增进感情，保持长期联系"（访谈记录20090409 - MJG）。这种"感情投资"的确为MFC带来了滚滚财源。长期以来，这些保持了多年关系的老客户成为"老货栈"最强有力的支持者。

直至今日，MJG谈起货栈经营的黄金期，仍然记忆犹新：

> 在货栈经营最好的时候，能维持住大约11个省份的进货商，并有上百个皮毛商贩为我们供货。1984年，货栈负责给河南开封外贸公司收购羊皮。当时在货栈门外张榜公布收购价格，特路皮6元/张，一路皮4.5元/张，二路皮3.5元/张，三路皮2.5元/张①。皮毛商贩排着队来卖货，队伍一直从货栈内排到了龙山镇的大街上，这在以前是没有的。由于客商多，需求的货源量也大，而且商贩又能提供充足的供应，因此一天最好的时候可以出货四五十万元。货栈内有四个交易员，五个打杂工，一个厨师，工资皆为每人每月45元。另有会计一人，是原先的股东，收入按其股份算。（访谈记录20090409 - MJG）

如此收入和支出相抵下来，货栈盈利颇多，可谓生意兴隆，财源茂盛。因此，自从1983年"高昌远"挂牌营业以来，其他行店也陆

---

① 路：就是等级的意思。

续在龙山镇开办。1985年，龙山镇已经出现了六家行店，1990年，发展到了三四十家。当时的货源非常丰富，不仅有来自全国各地的，甚至还有来自国外的，如蒙古、俄罗斯、澳大利亚、缅甸等。更重要的是，"高昌远"的开张及其运营，其辐射效应不仅复苏了行店业，而且也带动了围绕行店业的其他次生行业的形成，如餐饮业、加工业、运输业等。其中，闻名张家川及其周边县份的"四方联运队"，正是借助于行店业的兴起而组建运营的。"高昌远"的字号现在虽然已经看不到了，但它在张家川的历史上却开启了新时代行店业的发展史，甚至是开启了一个时期的社会发展史。

不可否认，对于行店业的重新建立，MFC功不可没。没有他对时势的精确判断，更重要的是没有他作为县政协委员的身份及在客商中的良好人脉，行店业的建立不会以这种方式呈现。格兰诺维特的"经济的社会建构"理论认为，"经济制度并不自动产生满足经济的需要。相反，它们是由一些个体构建的，这些个体受到他们所在社会网络中所能得到的结构和资源的帮助和限制"①。这说明，任何一种经济制度都不是自动生成的，而是在社会中建构的，是被一些关键性的个体利用其关系网络资源构成的。那么，在建立行店业的过程中，这一关键性的个体非MFC莫属。

二　新时期行店的经营特色

1983年后复苏的行店，虽然在形式上大体承袭了传统的模式，但由于所处的历史境遇不同，因此与晚清至民国时期相比，这一时期的行店仍然凸显了自身的特色。主要表现在以下方面：

首先，行店概念内涵的转变。关于现代行店概念的界定，当地工商局有明确的解读，"皮毛货栈：是经营大宗皮毛交易的专业场所，

---

① ［美］马克·格兰诺维特：《作为社会结构的经济制度：分析框架》，梁玉兰译，《广西社会科学》2001年第3期。

| 下篇　张家川回族行店的现代接续 |

是自治县皮毛贩运者和外地客商相互沟通，公平交易的主要渠道"①。这个界定明确标识出：

其一，就经营内容而言，新时期的行店只是作为经营皮毛的场所，不再经营其他物品。晚清至民国时期经营多种货物的行店，到如今仅是专守其一。这主要是由于国家物资较为充足，百姓生活水平日益提高，即使是边远地区的牧民，生活需求也开始多样化。在我们对一些商贩的调查中获悉，他们在八九十年代深入牧区收购皮毛时，深受牧民欢迎的有成品衣裤、绸缎被面、围巾等，次之才是货币，这种交换表现了牧民生活的改善和需求呈现出多样化。因此，布匹行店自然没有开办的可能，取而代之的则是皮毛行店一统天下的局面。

其二，就行店的经营权限而言，它仅仅是大宗皮毛交易的专业场所。与晚清至民国时期相比，这显示出行店经营不再是一种垄断经营和特权象征，行店主也不再拥有诸多社会背景，只要是稍有经济资本和具有识别皮毛等级技能的人都可以充任。因此，这一时期的行店主大多是来自龙山镇周边村庄的农民。旧时行店主显耀的社会身份被消弭，行店管理监督市场的功能被取消，从一种特殊行业转为一般的贸易中介，这样的转折归因于新时期国家允许皮毛自由交易，从而打破了行店把持皮毛交易的特权。不过，从定义中也可以看出，行店经营最基本的特色是大宗交易。那些能进行店交易的客商和商贩，都要保持在一定的交易额以上，否则行店主不予以接洽。笔者在对当地进行调查时遇到了来自礼县的客商，其所居住的村子世代以皮毛作坊为生。作为经常来张家川收购皮毛的客商，因为"要的货少而杂，没办法进行店交易，只能在市场上等着收购散售的皮货"（访谈记录20090424 - CFH）。据此可知，行店只承接大宗的皮毛交易，这也是其成为皮毛市场的核心所在。

---

① 参见张家川回族自治县工商行政管理局编《张家川回族自治县工商行政管理志》，1991年，第62页。

第五章　行店的重建与衰变

现代社会中，行店的垄断特征虽然消失了，但它的中介特性和中间商的特征依然存在。也就是说，行店不仅依赖于购销双方的成交额抽取一定比例的佣金，也利用自身已有的资本直接收购皮毛，在销售给外地客商的过程中获取差价来盈利，有些行店直接就是某些外地客商在张家川的皮毛收购代理商。

其次，行店业中的新型关系。行店不再为某一阶层势力所把持，而是向所有人开放，只要善于经营、稍有资本的人都可以申请开办行店。正是基于这种特权关系的打破，新时期的行店业中，无论是行店主和客商、行店主和行店主，还是行店主和商贩之间，都形成了一种新型的关系——建基于交易基础上的平等、互利、互惠、互谅、共同担当的关系。这种新型关系的形成在一定程度上降低了交易的成本，扩大了交易规模，促进了市场发展。

其一，以行店主之间的关系为例。人们往往称"同行是冤家"，但是张家川的行店主之间虽然做着同样的生意，彼此之间却比较友好。对他们而言，生意场中的合作比竞争更重要。行店业的客源主要是外省的客商，他们业务繁忙，加之不能适应当地环境，不可能在张家川常住，这就要求行店主在最短的时间内能准备充足的货源。也就是说，货源是吸引客商的首要条件，有了充足的货源才能有源源不断的客源，有了源源不断的客源，才能巩固张家川皮毛市场的发展。在市场竞争日趋激烈的今天，行店主们意识到，要想保持张家川行店在全国的市场地位，仅凭单打独斗的实力是微薄的，只有合作才是明智的选择。关于市场中的经济个体从竞争转向合作的选择，密歇根大学政治系教授阿克塞罗德给出过一个解释。他曾做过一个 2 人 m 次模型博弈的实验，即通过两个人多次随机选取合作还是背叛来获取得分。从最后总得分最高的策略中可以分析得出，人类行为总是在不断的博弈中趋于合作。[①]

---

① 参见赵鼎新《集体行动、搭便车理论与形式社会学方法》，《社会学研究》2006 年第 1 期。

| 下篇　张家川回族行店的现代接续

　　行店主在市场中的行为是对阿克塞罗德理论的有力展现。在张家川龙山镇的皮毛市场上，行店主之间存在着不成文的规定：如果有外地客商前来甲行店订购皮毛，若甲行店没有足够的货源，而乙行店却有，则甲行店主便会带着客商到乙行店进行选购，在完成收购任务之后，甲行店主将佣金以乙行店提供的货源成交的比例分给乙行店主。这样，当一家货源不足的情况下，两家的行店主可以通过联合的方式促成交易，对于双方来说，这是一个最优的选择。就甲行店主而言，满足了客户的需求，促成了交易的完成，不仅自己获得了佣金，而且也稳定了客户源；就乙行店主而言，此次为甲行店主提供帮助，不仅自己获得了佣金，而且也为自己下次的交易买下了保单。即若下次乙行店主遇到同样的困境，那么甲行店主负有不可推卸的帮忙义务。他们的这种互助，对外稳定了客户，对内加速了货物的流通，商贩也因此从中受惠，增强了收购皮毛的积极性，从而有力地丰富了货源。因此，行店主之间的互助一定程度上形塑着市场的繁荣。

　　其二，以行店主与商贩之间的关系为例。晚清至民国时期，行店主由于负有监督和惩罚市场自由交易的权力，因而和商贩之间的关系比较紧张。然而在现代行店中，由于国家放开了皮毛交易，这种关系已经发生了质的变化。商贩与行店主既是平等交易的伙伴，也是互惠互利的兄弟。有的商贩将皮毛收购回来，直接寄放于相熟的一家行店，由行店全权代为处理。在皮毛生意的衰落期，货源的供应出现紧张时，甚至出现了行店主对于皮毛商贩依赖的情况。不过，总体而言，这一时期他们之间的关系，正如行店主和客商之间的关系一样，是平等的贸易伙伴关系。

　　再次，政府相关部门对于行店业的扶持。虽然现代行店业的发起源于民间，但在最初运营时期，地方政府的相关部门就给予了极大的关注和支持。与晚清至民国时期的特权授予不同的是，这时的政府支持表现为政策引导、市场建设与优惠措施的施行。

　　张家川县委、县政府于1988年制定了一系列优惠政策用以发展皮毛市场，其具体措施为："（一）把按皮毛成交额百分之二收取市场管理费调整为每吨40元标准收取。把生皮交易税由百分之五调整为百分之三；（二）为从事长途贩运皮毛的农民办理介绍信及皮毛运销通行证。为群众办理长期、临时《营业执照》时，简化手续、方便群众、热情服务；（三）主动和邻县工商局、检查站取得联系，杜绝了皮毛贩运途中的乱补税、费和乱罚款的现象。"[1] 以上的具体措施基本上兼顾了行店主、商贩、客商三者的利益。并且为了净化市场环境，使市场交易有序、和谐地进行，县工商局还专门开设了皮毛交易的经纪人培训班，培训内容包括职业技能、法律法规、职业道德等方面。学成结业后，这些经纪人持证上岗。

在政府的大力推动下，行店的发展也得到了银行贷款政策的支持。先进行店的老板回忆说：

> 1984年受地方政策的影响，天水地区农行行长到龙山镇考察，曾到我们行店询问需不需要资金支援。由于当时的皮张成本便宜，一张普通的羊皮2.5元，特路羊皮6.4元，而且行店本身的盈利丰厚，根本不需要这笔资金。但是，考虑到有些经济能力不足的商贩，又没有资格从银行贷款，我就以自己的名义贷了14万元，然后又以同样的利息转贷给商贩，他们贷款本金数额从300元到5000元不等。有了这笔钱，就能叫来更多的商贩为我们行店供货。（访谈记录20090425-MQG）

用银行贷款扶植皮毛商贩，行店不仅扩大了收购货源的途径，而且更好地满足了客商的需求。就当时而言，受惠于银行贷款政策的不止一家，在我们的调查中，很多行店主都谈及八九十年代贷款政策的宽松，为他们的起步和发展提供了极大的帮助。

除了优化软环境以外，县政府及有关部门还在硬环境方面给予了

---

[1] 张家川回族自治县工商行政管理局编：《张家川回族自治县工商行政管理志》，1991年，第63—64页。

下篇 张家川回族行店的现代接续

极大的投资,龙山皮毛市场的建设就是佐证。"1989年,县人民政府决定兴建独具特色的皮毛市场,确定在龙山镇西河滩开辟40亩的场地,由国家投资、个人集资共250万元,建设皮毛市场。至1993年,建成砖混结构的两层皮毛货栈24间,硬化场地1.4万平方米,可容纳近上千个摊位,可供2万人交易,成为一个独具特色的前市场、后货栈的专业性市场。"① 可以说,行店业最初的发展和之后的繁荣离不开各级政府给予的大力支持。

图5-1 龙山皮毛市场(中间的小白楼为皮毛管理所)

第二节 行店的兴衰演变

行店业从1983年建立伊始,便一直处于蓬勃发展之中,并在之后的十年间形成了自己发展的"黄金时代"。其后,虽然有过挫折与

---

① 黄月云、王柱国主编:《张家川史话》,甘肃文化出版社2005年版,第236页。

坎坷，但基本上是呈上升的态势。然而，大约是在2001年以后，行店业就一直处于风雨飘摇之中，离"黄金时代"渐行渐远。

一 支柱产业税收的走势所反映的市场兴衰

随着皮毛经营为张家川带来相当可观的经济效益，行店自然而然成为张家川税收的龙头产业。但令人担忧的是，作为地方经济支柱的行店业在近些年却出现了异常衰退的现象。为了厘清行店二十多年来的经营状况，我们走访了当地的有关部门和一些行店主，希望从官方统计资料和民间访谈的互证中，获得行店业的相关情况。

在张家川国税局，我们得到了近20多年来涉及皮毛行店税收方面的详尽报表，笔者依据资料整理制定成表5-1[①]：

表5-1

年份	税额 单位（万元）	收费标准 单位（元/车）		备注
		羊皮	杂皮	
1985	18.6	375		1985年首度对行店征税，没有皮张分类
1987	30.0	500	400	
1992	98.8	600	500	
1993	159.4	960	800	
1994	268.7	1152（1—8月） 1843（9—12月）	960（1—8月） 1536（9—12月）	1994年，征税标准两度上调
1999	62.7	900	780	1998年5月，征税标准下调50%
2000	78.4	同上		
2001	104.3	同上		
2004	22.9	同上		
2005	19.0	同上		
2006	22.6	同上		
2007	7.0	同上		2007年1—6月的税收

---

① 表中数据由张家川回族自治县国税局提供，包括月报表和年度报表。

下篇 张家川回族行店的现代接续

虽然税额整体的变化和税费收取标准的调整有关，但从增幅的比率来讲，整体的税额变化仍反映了皮毛成交量的变化。由于税额与成交量之间存在正比关系，所以在上表中，税额的变化基本反映了行店业由盛转衰的走向。

从 1985 年到 1994 年，持续高涨的税额反映了行店成交量的逐步攀升，甚至 1994 年创下了历史最高。之后，在 1999 年到 2001 年间，税额虽然出现了不同程度的下滑，但鉴于 1998 年 5 月征税标准下调 50% 的现状，在这段时期内，行店的实际成交量依然是相当可观的。可以说，正是在 1985 年到 2001 年的这十多年间，形成了行店业的鼎盛时期。在我们对行店主及其家人的调查访谈中，发现他们中的很多人对 20 世纪八九十年代行店业的繁盛景象仍记忆犹新。前进行店老板的儿子回忆说：

> 以前生意好的时候，一天连吃饭的时间都没有，货多得都堆到了马路上。1991 年龙山镇街上的私家轿车很多，自己家也曾花 15 万元买了一辆桑塔纳，后来又换了一辆五十铃，当时的龙山镇就是一个十足的"小香港"。那时候自己上中学，经常和父亲给外地送货，顺便也旅游，到过广州、杭州、上海等地，几乎游遍大半个中国。父亲独自出去谈生意，经常坐飞机。为了方便联系业务，20 世纪 80 年代起家里还安上了手摇电话。（访谈记录 20090425 – MY）

前进行店是由 MFC 于 20 世纪 80 年代联合其他人以股份制的方式联办的。自创办开始的 20 年以来，前进行店共获纯收入 700 多万元，可谓当地行店经营中的佼佼者。

另外，也有其他行店主回忆了当时的盛况：

> 龙山镇单日开集，张家川双日开集。1998 年到 2000 年之间，最好的时候一集可赚到 1 万多元。规模较大的行店一集可收入 3

第五章　行店的重建与衰变

万多行佣，如前进行店、星月行店等。当时龙山有60多家行店，成交量大时一天可以起装30多辆汽车的货，成交额达3000多万元，有时候外地客户一天内就可以把龙山、张家川、清水、秦安等地银行的库存现款提干。（访谈记录20090425－MXH）

私家车、电话是20世纪八九十年代让人羡慕的标志，对比当时国家企事业单位职工每月几百元的薪水，一集上万元的收入无疑是一个天文数字。没有亲历的人很难想象，在那不起眼的几条寻常巷陌间，曾经容纳了如此大的经济爆发力。"1986—1992年，陇上皮毛集散地发展到鼎盛时期，年上市交易皮张达600万张，绒毛200吨，成为全国四大皮毛集散地之一。1994年，皮毛市场成交额达1.4亿元，年上交市场零散税268.7万元。至1998年，以皮毛市场为依托，全县有皮毛货栈、商行80家，皮毛贩运户8480户，兴办皮毛加工企业45家，家庭作坊3120个，仅皮毛业一年上交的税费占全县财政收入的近1/3。皮毛业的总产值几乎超过全县农业总产值，成为全县经济的'半壁河山'。"[1]

然而，自2001年以后，这种境况就呈现出了"无可奈何花落去"之势。从上表显示的数据看，税额自2001年以后一直处于低迷状态，甚至在2007年出现了历史的最低谷。"去年（2006年——引者注）全年办税皮毛车次共计211车，国税、地税实现税款20余万元。今年1—6月底，共办车次79车，比去年同期减少62车，减少75%。"[2] 皮毛成交量的减少意味着整个行店业的萧条，行店的数量随之也出现剧减的现象。"1990—1993年，仅龙山镇的皮毛行店就达80家之多，佼佼者当数综合、曙光、跃进、昌盛等。"[3] 然而目

---

[1] 黄月云、王柱国主编：《张家川史话》，甘肃文化出版社2005年版，第237—238页。
[2] 马清武：《张家川县龙山皮毛市场发展调查》，《天水日报》2007年7月27日。
[3] 黄月云、王柱国主编：《张家川史话》，甘肃文化出版社2005年版，第245页。

前，龙山镇仅存 36 家行店①，原先那四家"佼佼者"中，两家行店已经歇业，其余两家虽还在继续经营，其中一家也仅仅是处在维持的边缘，但它们依然是龙山镇皮毛市场希望的象征。笔者于 2008 年 5 月去调查的时候，适逢北京奥运会召开前期，由于环保问题，作为主要客源的河北皮毛加工企业被责令整改，因此，在龙山镇的各大行店里，便很少有外地客商的影子。行店大院里也只是零星地堆放着一些皮张，而行店主们都在等待奥运之后的"起死回生"。他们普遍反映，市场的疲软已经不是一两年的事了，去年这个时候即使最差，店里还是有生意的，而现在，大家整天闲着，有些人甚至对于未来没有明朗的预期。较之于 2007 年的低谷，2008 年的景象更加不容乐观。

二　行店业经营规模的变化所反映的兴衰

一个行业的兴衰必然体现于其规模的变迁。我们对行店业规模的静态分析可以把它分解为参与这一行业市场交换的人数、货物的交易量、交易物品的类别等方面。通过对构成其规模的这些指标变化的分析，我们可以对行店业变化的趋势有一个直观的把握。

其一，参与交换人数的变化。作为市场的主体，参与交换者的多寡直接反映了市场的起伏。此处，我们将市场的主体界定为行店主、与其密不可分的客商及商贩，以及那些处于行店活动边缘的人，如零散工、运输工等，也将被包含在讨论范围之内，因为他们同样是我们研究行店时不可分割的一部分。

有关这方面的调查遇到了阻碍，相关部门的搬迁和管理人员的数次更换导致很多资料被遗失，无法获得历年来相关的具体数据。然而，幸运的是，在龙山镇皮毛市场管理所，我们遇到了这儿的工作人员——MHQ。二十多年来，他一直从事皮毛交易的管理，可谓深谙其道。

---

① 这儿仅指在税务部门登记注册的行店数目。

第五章 行店的重建与衰变

  皮毛市场运营最好的时期，也就是八九十年代，当地参与整个市场活动的人数大约有 4 万多人，分别来自龙山、木河、大阳、四方、马关、连五等地。对于张家川来说，4 万多人是一个不小的数字。（访谈记录 20090425 - MHQ）

  为此，MHQ 还提出了"三个三分之一"，其中一条就是"依托皮毛市场从事经营活动的农村剩余劳动力占全县劳动力的三分之一"。有关这一说法，我们在张家川县国税局得到了印证。主管这一业务的负责人给我们提供的资料中显示，"据不完全统计，最多时全县从事皮毛贩运、购销、加工的人员达 4 万余人，占全县总劳动力的 34%，常年从事皮毛贩运的专业户有 3 千多户"[1]。与此同时，经营行店者在 1989 年时达到 104 家之多，其中包括 7 家集体所有制的行店。行店的增多，随之而起的是贩运户的增多，"1983 年全县从事皮毛贩运的有 64 人，1984 年有 908 人，1986 年有 5000 多人，1989 年有 8120 户 1.5 万人"[2]。前文述及的"老货栈"最多时有上百个商贩为其供货；星月行店自称有 2000 多商贩为其供货；前进行店也承认有 5000 多商贩为其供货。[3] 这一繁荣时期，市场中自然是客商云集，据县志记载，客商最多的时候达到 290 多人，分别来自京、津、沪、汉口、辽、冀、豫、鄂、苏、浙、滇等 17 个省市。[4]

  如上文税收情况所反映的，2001 年以前，虽然皮毛市场时有波动，但总体是呈上升的态势，因此这一时期市场中的参与人数和行店的户数仍持增加的趋势，"1992 年张家川县共有皮毛货栈 80 家，皮

---

[1] 张家川回族自治县国税局提供的《张家川县皮毛税收征管情况》，1998 年。
[2] 张家川回族自治县地方志编纂委员会编：《张家川回族自治县志·皮毛业》，甘肃人民出版社 1999 年版，第 529 页。
[3] 同一个商贩可为不同的行店供货，因此，这里的商贩数是重复累计计算的结果。即使如此，依然能够显示商贩数量的剧增。
[4] 张家川回族自治县地方志编纂委员会编：《张家川回族自治县志·皮毛业》，甘肃人民出版社 1999 年版，第 528 页。

| 下篇　张家川回族行店的现代接续 |

毛贩运户8480家……至1999年，张家川县有皮毛货栈89家，销售、贩运、加工的农户达8484户"①。

但是，2001年以后，随着外地客商和本地商贩的相继减少，多家行店关门歇业。2006年，包括外地客商在内，市场中有1万多人参与交易，存留40多家行店。及至2008年，当笔者进行田野调查时，活跃在市场中的总人数不及3000人，女性商贩由原来的几百人锐减为现在的十几人，而在税务部门登记注册的行店只有36家②。市场中的外地客商以河北、河南和广东三个省份为主，尤以河北为最。这些参与人数的变化直接影响着交易规模的变化。

其二，交易规模的变化。参与市场活动人数的减少导致了皮毛交易规模的锐减。具体而言，交易规模的锐减主要表现在货源品种的减少和交易额的大量下降。

一是货源品种的减少。在张家川龙山镇皮毛市场中，货源几乎完全来自商贩的供应。市场繁荣时期，活跃着的大量商贩为市场提供了数量充足、品种丰富的货源。"1985年以后，全县每年有大量皮毛贩运者到新疆、青海、宁夏、云南、贵州、西藏、四川及甘肃省的张掖、武威等地区，甚至涉足于缅甸、蒙古国的边境口岸收购皮张。凡是生产皮毛的牧区，无处不留下张家川人的足迹。"③据县工商局的负责人讲，张家川的皮毛商贩吃苦能干，他们往往是父子兄弟结伴同行，风餐露宿，甚至翻越喜马拉雅山，深入阿里等地收购皮张。为了缩短等待皮张的时间，他们还自己想办法增加特色服务，如义务帮助农场牧主宰杀牛羊等。因此，张家川的商贩在牧区都有很好的人缘，这也为他们的收购提供了便利。

正是这些勤劳勇敢的商贩，为张家川的皮毛市场提供了源源不断

---

① 《培育和建设皮毛站业市场全面振兴张家川民族经济》，张家川回族自治县年度工作报告，2003年。

② 在市场中实际存在的行店户数应当多于这一数字，大约为五十多家，其中的一部分没在税务机关登记。

③ 张家川回族自治县地方志编纂委员会编：《张家川回族自治县志·皮毛业》，甘肃人民出版社1999年版，第528页。

的货源。"客商收购的皮张有二三十种，牛、羊皮为大宗，另有驴皮、狐皮、猫皮、狼皮、兔皮、狗皮等杂皮以及缅甸的猞猁皮、长白山的狐皮、内蒙古的旱獭皮、云贵高原的豹皮等珍贵兽皮。"① 张家川一直以来之所以能成为以经营杂皮、珍贵兽皮为特色的皮毛集散地，与皮毛商贩的辛劳是分不开的。

然而，近几年来，随着商贩的减少，珍贵的皮毛在市场上已很少见到。市场里仅存的商贩中除了一部分还在跑西藏地区外，大部分都是在甘肃省内及周边地区收购皮毛，不再涉足远地。兄弟行店的皮毛算是储存量较多的，然而也仅仅是羊皮、牛皮、牦牛皮、驴皮等几种。在笔者调查期间，有一家行店收到了三十多张狐皮，于逢集之日一张张晾在马路边的绳子上，在皮子缺少的情况下，这不失为一种吸引顾客的方式。

图 5-2　行店晾晒的狐皮

---

① 张家川回族自治县地方志编纂委员会编：《张家川回族自治县志·皮毛业》，甘肃人民出版社 1999 年版，第 528—529 页。

下篇 张家川回族行店的现代接续

二是购销量的减少。除了交易品种的减少外，交易规模的变化还反映在购销量的变化上。购销量的变化既可以用成交的金额来反映，也可以用成交的数量来代表。但由于皮毛属于一种特殊商品，价格极容易产生浮动，因此我们以后者作为参考的指标。

20世纪80年代，经营最好的货栈一天最多能发四到六车货，如"老货栈"和前进行店等。到了20世纪90年代初，皮毛交易一度陷入低谷，经营较好的货栈五到八天能发一车货，"如经营情况较好的龙山综合皮毛货栈今年（1992年——笔者注）元至十月份销出羊皮45车……同去年同期相比减少20车；张川镇永红皮毛货栈，1991年购销牛皮45车，今年元至十月份购销25车"[①]。应当说，这是一个很"保守"的数字，其中要排除未被包括的其他品种的皮张成交量。因为一个行店往往经营多种皮张，以其中一种为主打，上文计算的仅是主打品种，未包括其他的品种。因此，即使是短暂的低谷时期，皮毛的交易量还是让人满意的。尤其是紧接着的1993年，"日本制革专家小松帮国和香港恒偿有限责任公司总经理阮铁波考察了龙山皮毛市场后，双方达成13万张羊皮意向性合同"[②]。这进一步证明了，2001年以前，龙山镇皮毛市场不仅吸纳了国内的客商，同时它也吸引了国际商家的注意，其经营状况总体上较为可观。

然而2001年以后就不同了。2006年和2007年的成交量不容乐观，"去年（2006年——引者注）全年办税皮毛车次共计211车……今年1—6月底，共办车次79车，比去年同期减少62车"[③]。而到了2008年，除了星月行店还能保持在一个月三四车的水平外[④]，其他的

----
① 《关于对我县皮毛市场经营情况的调查报告》，《张家川回族自治县税务局文件》，张税发〔1992〕110号。
② 马清武：《张家川县龙山皮毛市场发展调查》，《天水日报》2007年7月27日。
③ 马清武：《张家川县龙山皮毛市场发展调查》，《天水日报》2007年7月27日。
④ 这一数字不仅包括星月行店内的销售量，还包括它所开办的加工厂的成品销售量。因为附加开办了半成品加工厂，所以星月行店的销售量要大于那些仅仅开办行店的单一营业者。

行店几乎是一个月，甚至更长时间才能装一车。截至 2009 年 4 月，我们去调查的时候，很多行店还未在新的一年开张迎客。我们遇到的河南客商坦言："我们在整个龙山镇的购货量从以前的每年几百吨减为现在的几十吨。"（访谈记录 20090417 - LJH）购销量的逐年减少，直观地反映了目前行店业所处的困境。

其三，市场规模的变化。行店业在兴盛时期不仅在龙山镇蓬勃发展，也在张家川镇开花结果，一度达到三四十家的局面。而今随着皮毛市场的滑坡，不仅龙山镇行店的经营户出现了锐减的趋势，而且张川镇也进入了极度的衰退期，几乎无人去维持行店的经营。走在张川镇的街头，当我们询问皮毛市场所在何处时，听到的回答是在农贸市场中，是地摊式的经营，过了 12 点就结束了。那么，行店呢？目前只有两三家还在勉力维持，境况如同龙山镇。

三　外界关注度的变化所反映的行店兴衰

行店兴衰的表征不仅仅体现在其内部，同时也体现为人们对它关注的转移与否。在市场发展的兴盛时期，除了以经济数字作为标志外，还应当包括各级政府、媒体对皮毛市场的频频关注。笔者将尽可能搜集到的资料呈现如下：

1. 1983 年 5 月，甘肃省人大常委会主任王世泰、副主任吴治国由县人民政府副县长李义华陪同视察龙山皮毛市场。

2. 1984 年 12 月，龙山镇私人联营皮毛货栈负责人黎永寿出席了甘肃省专业户先进典型表彰会，受到物质奖励。

3. 1986 年 4 月，《甘肃日报》第三版头条刊登赵长才"龙山皮毛通四海"的文章。

4. 1986 年 7 月，省委副书记侯宗宾由市委副书记王文华陪同视察了龙山皮毛市场。

5. 1986 年 9 月，全县第二次皮毛基地建设会议在龙山镇召开。

下篇　张家川回族行店的现代接续

6.1986年12月，宁夏回族自治区人民政府副主席马腾霭前来张川考察期间，由市委副书记牟本理陪同视察了龙山皮毛市场。

7.1987年3月，市工商局、县财政局、县工商局三家投资10万元，建设龙山皮毛交易大厅。总面积1248平方米，可容纳1.5万多人，于1988年4月开业。

8.1987年9月，省委书记李子奇一行30人视察龙山皮毛市场。

9.1987年9月，《宁夏日报》社记者咸兆瑞采访龙山皮毛市场，并以《遐迩闻名的张川皮毛市场》为题进行了报道。

10.1987年10月，龙山镇皮毛市场、张川镇百货市场的3张照片以及解说词刊登在甘肃集贸市场画册内。

11.1988年10月，中顾委委员、国务院贫困地区经济开发领导小组顾问林乎加由市委书记薛映承陪同前往龙山镇视察龙山皮毛市场。

12.1988年12月，张龙二镇皮毛市场因资金紧缺，银行存款汇票支付困难，出现萎缩现象。天水市市长许明昌专程来我县对皮毛市场调查研究，制定改进措施。

13.1989年7月，中央电视台一台、二台在经济信息节目中连续两次播出张家川皮毛市场见闻实况。

14.1989年8月，天水电视台播出张家川皮毛市场见闻实况。

15.1989年10月，甘肃省省长贾志杰一行20人来张家川现场办公时视察了龙山皮毛市场。①

16.1992年11月，甘肃省委书记顾金池在天水市委书记牟本理、张家川县委书记李义华、县长苏守真的陪同下视察龙山镇皮毛市场。②

17.1995年9月，中央电视台在龙山皮毛市场拍摄了电视纪

---

① 1—15资料参见张家川回族自治县工商行政管理局编《张家川回族自治县工商行政管理志》，1991年。

② 参见《张家川文史资料》（第五辑）的图片。

第五章 行店的重建与衰变

录片《皮货与穆斯林兄弟》，由著名节目主持人赵忠祥解说，先后在经济频道连播两次，引起了社会的广泛关注，使陇上皮毛集散地名扬海内外。①

18. 2000年，甘肃电视台拍摄电视纪录片《一个叫张家川的地方》，分上、中、下三辑。此片将龙山皮毛市场从历史到现实进行了全面的宣传，使陇上皮毛集散地更加繁荣兴旺。②

由以上资料，我们可以发现，从1983年到2000年之间，上至中央，下至地方各级政府及媒体，都对张家川的皮毛市场给予了极大的关注。获得关注，尤其是获得具有决策权的各级政府关注，就能获得发展的资源。各级政府领导视察的背后，潜在的是政策、资金的大力扶持。这期间，龙山镇皮毛市场凭借自身的活力和外界的助力，一直活跃在公众的视野中。尤其是1983年到1989年，外界关注的频率更加密集，而这一时期，也正是行店发展的"黄金时代"。因此，这种"关注"不但带给皮毛市场各项优惠政策，提供了动力支持，同时也是对市场繁荣发展的一种折射。在此期间，皮毛市场成为张家川乃至甘肃省象征经济发展的"金字招牌"。

相比于以往的盛况，如今的行店业可谓"门前冷落鞍马稀"。自2000年以后，有关行店受到外界关注的记载戛然而止。如果结合上文税收数字的变化来看，这种关注度的消失绝不是一种偶然，它同样也折射了市场的萧条。即使在县政府工作报告中，2003年以后涉及它的字数也越来越少。在我们去当地调查的过程中，很多行店主误以为笔者是记者，热情有加，因为在行店主眼中，记者是政府权力结构中的一员，他们的出现代表了政府对市场的关注。大多数行店主们都确信，皮毛市场似乎只有借助外力才能复苏，也许，这种坚持的态度只能造成被动地等待，从而加速市场的衰败。

---

① 参见黄月云、王柱国主编《张家川史话》，甘肃文化出版社2005年版，第237页。
② 参见黄月云、王柱国主编《张家川史话》，甘肃文化出版社2005年版，第237页。

四 国际金融危机加剧了行店的进一步衰落

2009年,国际金融危机的影响继续扩散蔓延,对行店主来说,更是雪上加霜的一年。5月份当我们再次对龙山镇调查的时候,市场的情形更加低迷。

兄弟行店是龙山皮毛市场中仓储种类较为丰富、仓储量较大的行店之一。其老板MWQ是一位年轻人,他为我们详细地提供了金融危机前后各类货物的价格比较:

表 5-2

	金融危机前	目前
带毛牛尾巴	310—320元/公斤	150元/公斤
干牛皮	80—90元/张	30元/张
羊皮	70—80元/张	35元左右/张
牦牛皮(带毛)	300—400元/张	70—80元/张
红羔皮	10元/张	2—3元/张
细毛皮	140—150元/张	40—50元/张
马皮	200元左右/张	60元/张
牛皮(1.8米)	200元左右/张	60元/张
驴皮	70—80元/张	130元/张
小羔皮	20元/张	30元/张
小牦牛皮	30元/张	10元/张
山羊绒皮	120—130元/张	40—50元/张
山羊皮(做假发)	140元/张	40—50元/张
羊绒	50万元左右/吨	20万元左右/吨
牦牛毛	40—50元/公斤	2元左右/公斤
山羊毛	146元/公斤	40—50元/公斤
驼毛	105元/公斤	60元/公斤

上表中显示，除了驴皮和小羔皮以较大幅度上涨外，① 其他的货物一律呈下降趋势，价格下降了将近三分之二，这是国际金融危机所造成的严重后果。可以想象，价格的直线下跌对于行店主的打击是致命的。自从爆发了金融危机之后，国际市场的购买力受挫，大大影响了皮毛的出口生意。危机带来的不仅是皮毛价格的严重下跌，也造成了交易量的锐减。多数行店主反映，目前的交易量不足去年的十分之一。国内市场上皮毛购销两衰的残局，使得主要依赖购销市场抽取佣金的行店主无疑也成为受害者。

兄弟行店的院子里堆满了各种各样的皮毛，头上悬的，脚下踩的，仓中存的，皆是皮毛，偌大的一个院子几乎不能让人立足，这还不是全部，MWQ还租了两个仓库堆放皮毛。由于皮毛露天堆放会影响质量，必须用仓库存储，这样，仅是仓库的租金每年就要上万元。用于购买货物和仓储货物的费用，除了自己的资本以外，还有商贩垫

图5-3 行店院子里堆放的皮毛

---

① 驴皮主要是供给山东制作驴胶所用，小羔皮是供给拉萨人做衣服所用。这两种皮子之所以价格高，主要是由于它们供给国内市场，因此没有受到影响。

押的资本,这些货物的储存时间最长的甚至有两三年之久,少则也有几个月。现在由于皮毛周转速度放缓,行店主不仅垫付了大量的资本,而且还要对皮毛进行保养。为了防蛀,便于储存,需要在皮毛上撒盐、喷药。一旦遇上刮风、下雨的天气,还要给皮毛准备帐篷。除此之外,还要将时间较长的皮毛进行晾晒,而晾晒后,皮毛的价格就会下跌,因为以前可以做革的原材料现在只可以做裘,价格上会大打折扣。因此,皮毛的周转速度越慢,行店主及其附属于行店的各类商贩的盈利空间就越小,垫付的成本及其附加消费就越大。

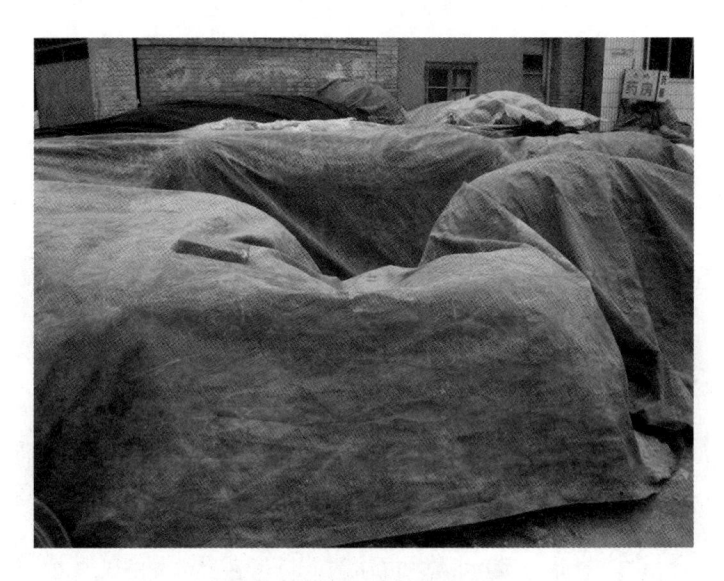

图5-4 被帐篷覆盖的皮毛

现在这些皮毛宁愿放着也不能再卖了,因为客商的收购价比成本价还低,一出手就赔本,出得越多赔得越多,根本没法做。看看危机之后价格能不能回来吧。现在全家老小的生活和维持皮毛生意的钱都靠我那个加油站。(访谈记录20090419-MWQ)

我们行走在皮毛间,听着行店主的言谈,能深深地感觉到那种无奈。即使再精明的商人,也无法预测国际环境的变迁,更何况,我们面对的是如此朴实的行店主们，他们更多的是凭借祖辈的经验在当今的信息化市场中摸爬滚打。

在兄弟行店的院子里，我们遇到了他十几年的老主顾——河南客商。他们主要是从兄弟行店收购皮毛，回到河南后进行粗加工，然后卖给本地的大型皮毛公司，大公司专制假发，主要销往欧美和南非。由于国际金融危机的影响，国外的销售商不能按期付款，大公司给客商的付款也就只能延期，这直接影响到客商欠兄弟行店的货款不能如期到账。因此，国际金融危机给行店运营带来的影响不但减少了货物的成交量，降低了货物的价格，而且使客商的付现还要打一个大大的折扣。但是面对如此艰难的经济困境，无论是客商还是行店主都表现出了沉着应对的勇气。正如河南客商所言："欠着钱，生意还必须得做，大公司也要不回来钱，大家应当共同体谅，共渡难关。"（访谈记录 20090419－ZHM）MWQ 也认为："面对金融危机的大气候，正是彼此互相帮助的时候，大家共同渡过。现在逼着人家要钱，以后生意还做不做了？"（访谈记录 20090419－MWQ）他们的沉着与坚持，让人感动。

在皮毛市场上，随机入户进行调查，都能听到有关国际金融危机的言谈，这成了他们的主话题。除了叹息与无奈，更多的是沉着与乐观。明新行店的老板认为：

> 皮毛生意是一个国际性的生意，无论是国内环境，还是国际环境，都会对皮毛市场造成动荡。以往的动荡我们都经历而且挺住了，这次同样能够挺住。（访谈记录 20090520－MGS）

面对市场的持续滑坡和国际金融危机的沉重打击，仍然有这些虔诚于皮毛生意的行店主在坚守行业，对未来充满了无限的预期。

张家川龙山皮毛市场曾经的辉煌，而今都已不再。迎接它的是未来的消散还是历史的挑战呢？也许，这一答案只有在我们对它的衰落成因进行透彻的分析之后才可以水落石出。

第六章

行店发生变迁的影响因素

在我国经济体制由计划经济体制向市场经济体制转型的过程中，龙山皮毛市场曾一度借着改革开放的春风占据西北皮毛市场的鳌头。然而在市场转型继续深化的过程中，它不仅在全国市场中而且也在西北市场中失去了竞争优势。在日益形成的新经济格局中，它所占有的市场份额在极度缩水。无疑，在这一市场转型的过程中，龙山皮毛市场的领军者——行店，同样也经历了由盛转衰的走向。是什么导致了行店业地位发生变迁的呢？我们对这一问题的回答似乎应该以行店自身的商贸特性作为基点，"商业本身是以交往为特征的，它涉及的并不是某一个团体、某一个地域内部的事情，而是涉及诸多地区……之间的相互作用和关系"[①]。毋庸置疑，只有从地方社会系统的内、外两方面探求它衰落的原因才是我们求解的出发点。

第一节 外缘性因素的冲击

当我们检视行店业发生变迁的原因时，首先要提及的，是对当地市场造成强烈冲击的外地市场。这些市场的成功崛起，对当地皮毛市场的发展形成了极大的压力，正是这些外缘性因素的出现，使行店经

[①] 赵立行：《商人阶层的形成与西欧社会转型》，中国社会科学出版社2004年版，第87页。

营逐步陷于困境。这些市场大体可以分为以下两种类型：

一 原产地市场的出现

原产地市场主要兴起于西北地区。由于现代通讯业和交通的发达，大市场和大流通的形成，以往人迹罕至、闭塞隔绝的牧区现在已由诸多厂家委托皮毛商直接进行收购。每年到夏秋之季，就会有大批的皮毛商前往牧区采购。比起龙山镇，这些皮毛产地有自己的特色货源，很受客商青睐，如新疆的羊皮、宁夏的滩羊皮等，并且储量充足，价格诱人。因此，越来越多的厂家绕过了龙山镇，直接前往牧区进行收购。

在收购商增多的情形下，牧区的农场牧主就比以往具有了更多讨价还价的机会和砝码，其产品的价格也水涨船高，而这大大不利于维持皮毛商贩的利润，实际上造成了对皮毛商贩的排斥。原产地与终端客户的见面，既吸引了厂商入驻牧区，又排斥了皮毛商贩在牧区的收购，导致龙山镇的收购终端和供货源头直接被截掉了。原产地市场的出现，在客商和货源两个方面都对行店业的运营造成了冲击，恶化了龙山皮毛市场的发展态势。

二 综合型皮毛市场的兴起

综合型皮毛市场指的是，集养殖、销售、加工于一体的一条龙配套服务的多功能市场，以河北、河南、东北和江苏等地为代表，其中尤以河北的尚村、乐亭为最。相比于原产地市场的出现，综合型皮毛市场由于其功能更为全面，它的兴起对龙山镇皮毛市场的冲击就更为剧烈。这些综合型市场与龙山镇的皮毛市场一样，有着自己上百年的历史，也同样是在改革开放后建立起来的。然而经过三十多年的发展，此类型的市场由于已经适应了整个国内市场转型的气候，所以不断更换新的发展模式，进而促使了地方市场在不断转型的过程中得以完善。它们的遥遥领先，更加折射出龙山皮毛市场的动力不足。这些综合型市场的优势表现在，它们有便利的交通，有政府的引导与支持,有高科技含量的加工业和养殖业,有细化的市场运营模式,有现代化的配套服务设施等。所有这些外围环境共同促成了其贸易市场的繁荣。目前,它们更以强劲的势头引领着中国皮毛产业的发展,并将其市场发展的模式推向国际化。以河北的尚村为例:

尚村皮毛交易市场,是在新世纪新形势下,为适应尚村皮毛大发展的需要,在肃宁县人民政府、尚村镇人民政府的高度重视和主持下,与舜宁房地产公司联合兴建的一座集商贸、办公、皮毛加工和住宅一元化的、多功能的、适应环保需要的、走向国际化的裘皮综合交易市场。

市场建在肃宁县城北5公里尚村镇42米宽的皮毛一条街的东西两侧。占地总面积约260亩。其中一期建设的货栈、粗皮露天交易市场、细皮商住两用交易市场占地约180多亩,商住两用商品房400多套。二期为成品展销交易、国际商务交流中心,占地约70多亩,是一个功能齐全的高雅交易区。

一期市场建设东靠清水河,河边是带型绿化小公园,西靠42米皮毛中心一条街,南有通往皮毛加工区的40米兴尚路,北有通往加工区32米的安哲路。

商住楼是以砖混现浇混凝土总体三层和局部二层的建筑形式。整个市场建筑新颖,各区域各具特色,并采用了现代欧式风格的手法,街道纵横贯通,交易四通八达。所有楼宇建筑均采用了集中供暖和所有的配套管线地下埋设的做法,电视、电话、宽带网络一并预埋到位,确保了市场空间的整洁美观。特别在细皮交易商住区建有近万平方米的中央广场,广场喷泉、灯光、造型各异,是一个集休闲、观赏、举办各类展销活动等功能为一体的综合性广场。所有街道设有24小时闭路安全监控装置,加上24小时的治安巡逻管理,确保了所有置业于该市场业主的人身安全和财产安全。整个市场内各类房型设计有十七种以上,分别按不同经营需求设计,既可经营亦可居住。高度为二至三层不等,部分房型附送露台。露天交易区旁的货栈（E类房型）每套设有经营商店、居住用房和存储院区；商住两用区，主要用于细皮或成品交易，底商用于经营，二层以上可办公或居住及休闲。……

市场建成后由尚村镇人民政府的市场管理委员会和属下的物业公司全面接受管理，物业公司将有一支尽职尽责的队伍为您服务。凡置业于该市场的经营客商，均享受到县人民政府特惠的《河北省肃宁县尚村皮毛市场优惠政策和服务措施》，将给您的商务交易造就一个轻松舒适的环境。[1]

可以想象，这个现代化、综合型市场的建立无论就其规模还是内部的配套体系而言，都是龙山镇皮毛市场望其项背而不能企及的。当别的地方市场都在崛起的时候，张家川的皮毛市场却在徘徊。不进则退这一原则，将导致不同地域的皮毛市场在同等竞争的环境中，由市场进行资源配置的份额更为失衡。

这些外在市场的异军突起，成为龙山皮毛市场衰落的催化剂，加速了它们由盛转衰的步伐。作为皮毛贸易的中介，行店赖以生存的基础是拥有大量的货源和客源，"是以提取交易费作为收入来源，交易的规模越大，收入就越多"[2]，这是行店最根本的特征。然而在张家川龙山镇，外在市场对于货源和客源的争夺，导致行店渐渐丧失了最重要的基础，并由此形成一系列的恶性循环。

1. 客商在市场中的渐次缺席

作为市场主体的一部分，客商的减少对张家川回族行店来说，是致命的打击，至于客商减少的原因，行店主和税务部门各执一词。部分行店主认为是政府的税收"吓跑"了客商，这主要是针对1994年当地税务部门先后两次提税而言的。[3] 他们认为，和河北、宁夏等地皮毛市场的税收相比，张家川的税收标准显得太高，税收提高的直接后果

---

[1] www.scqg.com/new/scgk.htm 5K 2007-9-14.
[2] 代雨东：《全商》，中国财政经济出版社2001年版，序言第6页。
[3] 参照第五章的税收图表。

下篇 张家川回族行店的现代接续

是影响了大量客商进驻张家川皮毛市场,这是导致行店业彻底滑坡的直接原因。因为从这次提税之后,客商就大量减少,虽然后来又再次降税,但之前造成的影响却很难恢复。与行店主的意见形成反差的是,当地税务部门则认为,1995年以后的市场滑坡,其原因主要是国家宏观经济政策的调整和国内大市场、大流通的形成。皮毛产区放宽了皮毛产品的购销政策,导致其和客商直接见面。皮毛产区进入流通领域造成的多渠道流通,吸引了原本滞留于市场中的客商,因而催发龙山皮毛市场在以后的时间由盛转衰。

对于客商减少的原因,行店主和当地税务部门虽然各有说法,但这两种说法似乎分别构成了整个原因的内外两方面。从内因方面讲,1994年征税标准上调之后,成交量开始下降:1996年行店业成交额为1.04亿元,比1994年下降25.7%,到了1997年,先后有24家皮毛行店关门停业。在外因方面,尽管当地税务部门1998年以50%的幅度下调征税标准,但这一切努力依然难以阻挡国内皮毛市场转型带来的冲击。进入21世纪以来,由于皮毛产区交通资讯的改善,以及皮毛加工地经营模式的成型,原产地市场和综合型市场随之就地兴起,很多客商绕过了张家川龙山镇这一中转站,直接在原产地和综合型市场中开展了皮毛贸易活动,这使原本滑坡的张家川龙山皮毛市场更加雪上加霜,步入低谷。

2. 皮毛商贩后继无人

张家川并非皮毛产区,行店的货源几乎完全依赖于异地皮毛的输入,而皮毛输入任务的主要承担者则是当地为数众多的皮毛商贩。这些商贩大都是当地农民,他们个个吃苦耐劳,凭借祖上积习的识别皮毛的技能,长期以来,他们表现为:

> 农忙干农活,农闲贩皮子……足迹遍及新疆、青海、内蒙古、宁夏、西藏、贵州、云南、四川等10多个省区和省内游牧区或半农半牧区,一去一回,少则三五月,多则半年,虽然辛苦,但赚利丰厚……至1993年,在市场经济的新形势下,率先

第六章 行店发生变迁的影响因素

富起来的皮毛商贩……由过去的徒步收购变为坐汽车、乘火车，由走村串户发展到驻村驻点，由张张收购发展为整桩收购，由个体经营转为合伙经营；收购范围由最初在国内发展到跨出国门经商，足迹遍及大江南北，生意做到异域他乡。皮贩子们讲蒙语说藏话，收购长白山的狐皮、内蒙古的旱獭皮、云贵高原的豹皮等各类皮张达 23 种之多，并远涉俄罗斯、缅甸等边界村镇的千家万户收购猞猁皮等珍贵皮张。这千里万里之外的皮毛，因为有了回族皮商不辞辛苦、翻山越岭、走乡串户、经年累月地长途背夹式贩运、汽车拉运、火车托运，以货易货等形式的收购而涌入了张家川皮毛市场，成为皮毛市场不竭的源泉。①

这些皮毛商贩以相对低廉的价格收购皮张，运回张家川后，又通过皮毛行店作中介和外地客商成交生意。利用原产地和销售点之间存在的差价，他们获得了中间商利润。一直以来，如果原产地和销售点的距离越远，皮毛的差价就越大，商贩盈利的空间也就越大。所以，当地人在相当长的一段时期内都有"跑得越远，赚得越多"的观念。

但伴随着皮毛产区资讯业的发展和原产地市场的兴起，产区皮毛价格较以往都有大幅度的上浮。货源地皮价的上涨对商贩利润空间的挤压，无形中促使商贩的收购空间越来越窄。据张家川县税务局1992 年的调研报告指出，"由于各地皮毛业的发展，是影响我县皮毛市场的原因之一。使张川、外地客商直接到产区采购皮张，货源减少，皮毛价格上涨，今年（1992 年——笔者注）我县货源大部分只能从成县、徽县购入"②。同时，前来张家川的外地客商对皮毛价格的定价日趋偏低，导致皮毛商贩在寻求差价盈利时显得无利可图，甚至会出现亏本变卖的现象。再加上国际环境的波动造成的价格动荡，

---

① 参见黄月云、王柱国主编《张家川史话》，甘肃文化出版社 2005 年版，第 247—248 页。
② 《关于对我县皮毛市场经营情况的调查报告》，《张家川回族自治县税务局文件》，张税发〔1992〕110 号。

那么商贩的赢利就更加不稳定。至今仍让他们记忆犹新的是，2001年受美国"9·11"事件影响，羊皮每张从70多元跌到了20多元，有些商贩不仅没有盈余可赚，甚至还血本无归，他们因此也就失去了贩运皮毛的积极性。

况且由于近年来，市场的持续滑坡，客商入驻市场的数量日益减少，商贩收购回来的货物不能马上出手，形成资金积压，这也造成一些商贩离开了市场。由于贩运皮毛长途跋涉的艰辛和承担差价入不敷出的高风险，很多年轻的商贩转而加入外出务工的行列。这样，新行业的兴起与贩运皮毛成本的提高无形中也恶化了商贩的数量，使皮毛商贩陷入后继无人的境地。

商贩的减少直接导致了货源的不足，进而加速了客源的减少。外地客商中有些人认为，张家川目前货源的不足，致使他们等货的时间太长。短则十几天，长则个把月，而在新疆和河北等原产地市场或加工地市场，一般不会出现这种情况。因此，他们来张家川的采购主要是补充性的。无疑，客商的减少和货源的减少是相互影响的，前者的减少会导致后者的短缺和不足，而后者的短缺和不足又反过来加速前者的减少，由此形成客商的减少→货源供大于求→商贩的减少→货源无法满足→客商继续减少这一恶性循环圈。所以，无论客源的减少抑或货源的不足，都将使作为中介的回族皮毛行店陷入生存的困境。

第二节 经营模式的被动转变

作为贸易中介，行店的经营原本不须承担很大风险。在行店经营的繁盛时期，大量外地客商聚集张家川，商贩运回的皮毛能在短时间内很快出空，因此，当时几乎全是现金交易，不存在拖欠货款的现象。但是，自2001年以来，由于客商和商贩的大量减少，行店的经营模式被迫发生改变，即行店主需承担为皮毛商贩垫付成本和为外地客商垫付货款的风险。在这种形势下，有一些行店因为不堪巨额欠款的重负而纷纷关门歇业。

一 来自商贩的风险

面对因皮毛商贩的减少而引起货源不足的困境,许多行店为了稳定商贩队伍,吸纳更多商贩进驻自家行店进行交易,争相为皮毛商贩垫付资金。少则几万元,多则十几万元。作为条件,接受垫资的商贩从异地收购回来的皮毛,必须进驻为其提供资金的相关行店进行交易。这样,一旦出现亏本交易的现象,行店不但不能从皮毛商贩那里抽取行佣,而且也不能按期从他们那里收回此前垫付的收购资金。如2001年羊皮降价,有些皮毛商贩几乎损失殆尽,为此一些行店也受到了牵连。更有甚者,有的商贩从行店里骗取借款之后,或杳无音信,或直接去外地经营其他生意,导致行店血本无归。行店主们普遍认为,20世纪90年代末期,给皮毛商贩借1万元以下的资金,以促其去为本行店收购皮毛,这个额度在当时还是能承受的。但自2000年以来,要给皮毛商贩借3万元到5万元,甚至8万元到10万元的款,会给许多行店带来很大压力。因为当地借钱的方式通常是不立任何字据,仅凭熟人关系和彼此间的信任,口头协议即可,所以这部分钱一旦损失根本追不回来。这一时期,很多行店主都面临着类似的困扰,即伴随充足货源而来的是更大的投资风险。

二 来自客商的风险

外地客商的减少,必然引起行店之间对客商的争夺。与此相关的是,替客商垫付货款成为他们争夺客源的一种主要方式。在为外地客商垫付的大量货款中,有些由于外地客商的不擅经营而成为"烂账",以致他们最终无法得到偿付;有些则纯粹出于外地客商的蓄意欺骗,这往往发生在客商对皮毛生意甩手不干的情况下。如有些和行店主长期交往的客商,由于自己的经营不善,在最后一次赊欠收购皮毛后就彻底从市场上消失了。还有些个别客商,先以现金购买几次货物,取得行店主的信任,最后再赊账订购一批货物,一旦货物发出,货款根本收不回来,及至找到客商所在地时,已人去屋空,杳无音讯。

在客商不付钱的情况下,行店主不得不将自己的资金偿付给皮毛商贩。行店主的全部佣金最多不过是货款的2%或1%[①],而皮张生意的成本很大,货款一旦被赖账,对行店主来说,损失是不小的。可以说,身处夹缝中的行店主腹背受困于经济的窘境。正如永久行店的老板所说:"现在的生意很难做,主要的难处其一在于生意的经营,其二在于认人很难,一旦识人不准就很容易受骗。"(访谈记录20090516 - MQ)存在于整个市场环境的诚信缺失,已使得行店主身陷资金的"囹圄"。在有赊欠的情况下,他们最乐意和老主顾做生意。相对而言,保险系数虽然加大了,但却使得贸易圈不易拓展,甚至有萎缩的可能,贸易量自然不可能上升。这是行店主为了降低交易成本必须付出的机会成本代价。

然而,正如前文所言,即使是在熟人圈建立贸易,也仍然要承担被骗的风险,这是行店主最不愿意面对的事情。与晚清至民国时期相比,无论是商贩还是客商,他们与行店主之间的关系都大为不同。新时期商贩、客商与行店主之间不再是依附与被依附的关系,而是两者之间彼此依赖的关系,这种关系的形成为行店主经营带来极大信任基础的同时,也带来极大的被骗风险。行店主基于以往建立的人情基础而对其产生的信任,在经济呈现良性运行的时期,往往可以减少交易成本,为彼此带来丰厚的利润。然而,在市场滑坡的过程中,所有的一切都可以发生变化,"因人际关系带来的信任会真真切切地造成更好的欺诈机会。如众所周知的,'你总是伤害你所爱的人';对人的信任会比和陌生人在一起更易受到伤害(在囚徒困境中,如果知道共谋者会否认罪,则更理性的抉择是承认犯罪,个人关系在打破这个困境中会比被欺骗的一方想象的不对称得多)。

[①] 行店的抽佣比例是随着市场的变化而定的,起初生意好的时候,行店按成交额的4%抽佣,买卖双方各负担2%,后来则是按成交额的2%向买方抽佣,目前由于行店的不景气,向买方的抽佣比例又降为1%。

这个社会生活中的基本事实是'信心'游戏中的一体两面。人际关系，有时甚至是长期关系，往往包含了不可告人的目的。……愈完整的信任常常导致获利愈丰的欺诈"①。

为什么同样的信任关系会产生截然不同的结果呢？其实，这种信任的"一体两面"可以用博弈论来解释。因为客商、商贩和行店主都是理性的经济人，这一前提使他们将会对外界所能提供的各种选择进行排列组合，从而以最小的成本获取最大的收益。那么，他们的博弈模型将展示出以下几种情况②：

		行动者乙（客商、商贩）	
		诚信	背信
行动者甲（行店主）	诚信	10, 10	-10, 18
	背信	18, -10	0, 0

这是双方一次性的博弈，他们在这一次相遇之后，几乎再不见面，虽然行店主很少有这样的考虑③，但有着失信行为的客商和商贩却是在这种前提下作出行动决策的。从博弈模型的赋值中可以显示，对于诚信的一方而言，背信的一方往往是最大的利益获得者。这也就表明了，当行店主诚信经营时，客商和商贩的背叛是所有决策中的最佳选择。当然，这种模型只解释了一次性的相遇，所以这种背叛几乎总是发生在客商和商贩要选择离开皮毛市场之时。"黄鹤一去不复返"，他们再也不会为以后在市场中的发展作出规划，也无需再保持他们的清白信誉。

需要说明的是，如果他们愿意在市场中长期发展的话，那么无疑

---

① ［美］格兰诺维特：《镶嵌——社会网与经济行动》，罗家德译，社会科学文献出版社2007年版，第13页。

② 在该博弈模型中，每一栏内左边的数字代表行动者甲的收益，右边的数字则代表行动者乙的收益。这些数字不具有绝对意义，只是表示甲、乙两方在博弈中获得的相对收益。

③ 那些曾经出售假冒伪劣之物的行店主也属于一次性的博弈。

| 下篇　张家川回族行店的现代接续 |

他们将采取合作的态度，以保持双方的共赢。因为每一个行动者都将再次相遇，这种相遇决定了他们当前的选择结果不仅决定当下，而且还决定了未来的局面。如果失信于人，那么将会遭到整个市场的排斥。因此在市场发展的良好时期，几乎大多数人都会保持诚信，但到了市场的衰退期，这种诚信被背信所取代的概率将大大增加。

由于没有庞大的资金，加之对于投放信任的谨慎，行店主无法供养也不愿供养太多的皮毛商贩，因而所囤积的货物数量不多，且品种单一，一旦有大客户来，根本不能在短时间内凑齐所需的货物。适逢皮毛产地市场的兴起，久而久之，这些大客户便越过了行店这一中介，直接进入终端产地收购，张家川不再是他们驻足的首选之地。又由于客源的不足，囤积的货物不能马上出手，影响资本在短期内套现，导致资金流断缺，这样也就更不能雇佣皮毛商贩去贩皮，进一步造成了货物数量与品种的短缺，以此下去，恶性循环加剧。就目前而言，能维持日常开销并稍有盈余，已是行店业中的佼佼者了，更遑论巨大的获利空间。至于其他不擅经营的，已是关门大吉。

经过以上分析可以发现，原产地市场和综合型市场的兴起，成为了张家川皮毛市场由盛转衰的催化剂。张家川的失败并不是偶然现象，而是市场转型背景下诸多因素互相影响的结果，也是回族商人的命定。这是因为，回族商人往往将自己的商业支撑点选择在产需隔绝的断层，在二者不能直接进行贸易时，回族商人便占据了为二者提供贸易条件的中介位置。这种历史性局面的形成，除了他们有善于经商的传统外，还由于他们讲汉语，这使得他们与牧区的其他少数民族和汉族之间关系密切。因此，在以往市场发展的初期，无论是与汉族还是其他少数民族的贸易，其中介大多都由回族人来担当。经营行店业的回族商人正是在这种贸易模式中占尽了优势。但是，随着大市场的形成，不同地域之间、不同民族之间的交流越来越广泛，原先的贸易壁垒不复存在，他们中介位置的重要性也将日落山河。

第三节 软、硬环境发展的不足

外在市场的成功崛起,更加凸显了龙山皮毛市场的内部不足。以往隐藏在背后的诸多弊端,渐渐浮出水面。这些弊端主要表现在当地发展皮毛市场的软、硬环境欠佳。无疑,这些都是造成市场困境的根本原因。我们将对这些原因进行梳理,以期对其有一个清晰的认识。

一 软环境

"软环境主要是指与投资开发相关的政策、政务、法制、文化、教育以及市场秩序和社会服务等无形的人文因素。"[①] 可见,软环境是市场发展的内在因素,它的完善与否对市场的兴衰起着决定性作用。尤其是在整个国内市场加速转型的时期,地方的软环境建设将成为地方经济发展的动力内核,反过来说,地方经济的发展水平将直接反映地方软环境的建设状况。就目前张家川皮毛市场的情况而言,明显反映出软环境建设的不足:

1. 教育程度的局限与思想观念的滞后

在张家川,虽然基础教育的普及率和高等教育的入学率已明显提高,但对于已过而立之年或年龄更大的行店主而言,小学水平者不乏其人。

这一方面缘于幼年时家庭的贫困,使他们失去上学的机会;另一方面也缘于皮毛行业的特性。从事这一行业,只要吃苦耐劳,勤奋勇敢就可以,和识不识字关系并不大。很多行店主的父辈都和皮毛商打过交道,而行店主自身大多都是在十五六岁的时候就跟着父辈们开始闯世界、挣家资。在大多数行店主的意识中,从事皮毛业的物质资本

---

① 魏后凯、陈耀:《中国西部工业化与软环境建设》,中国财政经济出版社2003年版,第140页。

下篇　张家川回族行店的现代接续

积累和人力资本没什么关系，甚至因为时间的冲突而呈负相关。用他们自己的话说，"皮毛这一行业不需要什么文化，那些干得好的都没上过几天学"。他们很多人十几岁出去贩皮，积累了一定的物质资本后，开始经营行店，经验成了他们唯一的法宝。加之一直以来，西北回族的经商模式除皮毛业外，主要表现为清真餐饮业及其他一些土特产的加工与销售，这些领域也大多凸显了经验的重要。

对传统经验的路径依赖形成了对教育漠视的理念，在尚需接受教育的年龄选择了贩皮，从而使他们失去了在市场竞争中最强有力的人力资本。在发展现代皮毛产业时，以往的惯习致使他们不重视科技教育对于产业的助益，以及人力资本对于效益提高的作用，因而造成发展的惰性，他们自身不得不承担由此带来的损失。这具体表现为行店主不能合理使用大量资金，从而在最初就失去了以转产寻求出路的机遇。1999年，当省里一个2000万元的"中西部示范工程项目"要给前进行店时，因为没有合适的商业模式，他们不得不放弃了这个机会，直到现在，他们仍然深感遗憾。同样，永久行店、老货栈也都曾面临过这样的尴尬，即有国家资金的大力支援，却因没有好的发展项目而导致资金闲置。由此看来，"少数民族在现代化过程中最严重的困难是在怎样迅速提高他们科学文化水平的问题"[①]。只有人力资本提高了，才能加强对外力的接受力，才能将外来的资金和技术嫁接于本地，真正形成地方经济增长的积极力量。否则，即使得到外来资金和技术的支持，如果没有内化的能力，也根本不可能长远发展。

教育水平的滞后所带来的影响是多面的，它不仅直接阻滞了行店经营的多元化，而且还深深桎梏了行店主追求创新、追求发展的意识。有些行店主对此已有自觉：

> 最近由于生意不景气，我去东南沿海转了一圈，考察了一下当地行业的发展，感触很深。相比沿海地区私营企业的发展，我

---

① 费孝通：《费孝通民族研究文集》，民族出版社1988年版，第225页。

们的文化素质差得远，没有企业家的形象和头脑，使得整个地方产业不能形成模式化经营。（访谈记录 20090516 - MQ）

我们以前比的是谁的身体能吃苦，现在比的是谁的脑袋能吃苦。那些头脑好的转得快，啥环境里都能挣钱。（访谈记录 20090511 - MRY）

其实，这种由于教育水平低下从而一定程度上限制商业发展的情况，并不局限于张家川，临夏州同样如此："该区域科技教育文化发展滞后，居民的科学文化素质偏低，大多凭经验和吃苦耐劳的毅力从事商业活动，他们既是劳动者也是所有者，在小规模经营的初期，这种经营是可行的，但到一定阶段和规模后，就受到管理能力和水平的局限。"[①] 张家川回族行店目前的发展状况恰好印证了这一结论。行店主和皮毛商贩的吃苦耐劳在皮毛业的起步初期发挥了拉动作用，但在发展阶段，受制于管理能力的不足，皮毛行店经营模式的局限性显而易见。这在一定程度上限制了经济结构规模的扩大，并且也影响了行店业向纵深化的发展。

还须指出的是，教育水平的低下同样也导致他们不擅长利用社会中的新生事物，这表现在他们不能很好地利用网络平台来宣传自己，也不能利用网络来获得信息。在我们的调查中，有将近二分之一的行店主拥有电脑并连接着互联网，但他们仅是打游戏或聊天，很少有利用互联网来进行贸易拓展的。我们在互联网上搜到了一些龙山镇的皮毛行店，但为数不多，这些行店仅留了地址和电话，对于公司的经营情况、市场优势和主打产品等鲜有介绍。然而同处于一个网络平台的其他地区行店则显示了自身的优势，如河北的尚村、乐亭等。相比之下，龙山镇的行店很少能吸引人的眼球。而且，提供重要购销信息的

---

① 黄健英：《甘肃省临夏州民族经济发展调研总结》，载《中国民族地区经济社会发展与公共管理调查报告》，中央民族大学出版社 2007 年版，第 27—28 页。

"中国皮毛信息网"和"中国皮毛交易网"两个网站,龙山镇的行店主很少有人知道,更少有人去使用它们。可是在"中国皮毛交易网"上,几乎每天都发布尚村皮毛市场行情的快报。在信息化快速发展的今天,占据信息就是占领商机,但是龙山镇行店业的发展,似乎仍然徘徊在信息化的大门外。这导致了他们在跌宕起伏的市场行情中不能进行准确的判断而贻误商机,因此亏损连连。总之,与互联网的脱离使他们渐渐处于被遗忘的角落,被客商遗忘,被同行遗忘,被中国皮毛业的发展所遗忘。

2. 社会资本的匮乏与经营信息的受损

在众多研究者中,科尔曼关于社会资本的定义较为具体,"社会资本的定义由其功能而来,它不是某种单独的实体,而是具有各种形式的不同实体。其共同特征有两个:它们由构成社会结构的各个要素所组成;它们为结构内部的个人行动提供便利。……社会资本的形成,依赖人与人之间的关系按照有利于行动的方式而改变"[1]。这一定义清楚地说明,社会资本就是一种结构、一种关系,它为结构内部的人提供了便利,以及成功的机会。社会资本是相对于人力资本提出的,科尔曼对于二者的区别给予了很形象的注解。他以一个等边三角形为例,"代表三个人(A、B和C)之间的关系,人力资本存在于各点之中,连接各点的线段代表社会资本。通常情况下,社会资本与人力资本相互补充"[2]。

对于行店主而言,由于教育水平的低下,使得他们的人力资本先天不足。那么,其社会资本的状况又怎样呢?当考量他们的社会资本时,主要考察他们与外地行店主、外地养殖业主、本地公务员等之间的关系。在调查的过程中,发现他们与外地的养殖业主几乎没有任何联系,需要依赖商贩来获得货源和关于货源的相关信息;与外地行店

---

[1] [美]詹姆斯·S. 科尔曼:《社会理论的基础》,邓方译,社会科学文献出版社1999年版,第354页。

[2] [美]詹姆斯·S. 科尔曼:《社会理论的基础》,邓方译,社会科学文献出版社1999年版,第357页。

主建立的关系网也仅为个别行店主所有,而这些彼此有联系的行店主也主要是亲属关系。这使得很多行店主无法及时获得外界贸易的信息,也失去了诸多合作的机会;与当地公务员的联系也很少,由于行店主的文化水平普遍较低,而且大多来自农村,这些不利的因素导致他们中只有为数不多的几个人与公务员建有联系。而这种联系的缺失对于行店主来说,无论是获得政策信息还是信贷担保,都是不利的。

毋庸讳言,虽然市场的滑坡受着诸多因素的影响,但行店主在经营的过程中,忽视了自身人力资本和社会资本的培养,这也导致他们的经营处于被动局面。而在市场处于逆境之时,这些资本的缺失又将进一步加剧行店主的劣势。

3. 市场秩序的失衡

"市场秩序是在特定情景下设计的旨在激励和约束交易者行为的权利与义务的制度安排——既包括法定授权的组织规则,也包括约定俗成的行为标准。"[①] 可见,市场秩序的平衡将有助于降低市场交易的成本,而其失衡,则将提高市场交易的成本,甚至阻滞交易的达成。在张家川龙山皮毛市场中,这一秩序失衡主要体现为对约定俗成的行为标准的破坏,其表现方式为:

其一,恶性竞争。虽然行店主彼此之间的关系普遍较好,但在市场竞争中,仍不可避免会出现极少数人为了自身利益,而不顾全整个市场发展的自私自利的行为。他们有的垄断货源,欺行霸市,"一些年轻的商贩,欺行霸市,哄抬行价,强行客商买卖皮张,扰乱了正常的皮张交易行情"[②]。甚至,有些行店主为了抢夺客商,大动干戈,"1990年前后,皮毛业兴盛时,龙山镇的行店主为了争夺外地商人的生意,彼此恶性竞争,甚至棍棒相见"[③]。这些丑剧的上演,一定程度上损伤了张家川皮毛市场在客商心目中的形象。

---

① 王根蓓:《市场秩序论》,上海财经大学出版社1997年版,第52页。
② 《关于对我县皮毛市场经营情况的调查报告》,《张家川回族自治县税务局文件》,张税发〔1992〕110号。
③ 虎有泽:《张家川回族的社会变迁研究》,民族出版社2005年版,第73页。

其二，绒毛掺假。绒毛在皮毛交易中属于贵重物品，20世纪90年代末的时候，就达到了每斤羊绒300元左右的价格。在市场发展的鼎盛时期，张家川每年上市的羊绒、羊毛可达到600多吨。① 价格如此之高，市场成交量如此之大，皮毛贩运者在其中自然受益匪浅。然而正是在高额利润的刺激下，有些人利欲熏心，以掺假的方式企图赢取更大的"利润"。一些贩运绒毛者为了达到增加分量的目的，将细土等物质掺入绒毛中，欺骗外地客商。这种短视行为导致的直接后果就是客商的离去、绒毛交易量的锐减。来自龙山皮毛市场管理所的月报表显示，绒毛成交量在2003年为25.8吨，2004年为23.6吨，2005年为31.2吨，2006年是25吨，基本上浮动在20吨—30吨之间，仅是以往交易量的零头而已。基于这样的交易量，行店主实质上已经丧失了对这一领域的抽佣。可以说，导致这一市场秩序紊乱的人虽然不多，但其影响之大却不容忽视。直至今日，仍有很多人将市场滑坡的原因归罪于此。这一有损信誉的行为是具有辐射性的，它不仅打击了绒毛交易市场，而且也摧毁了整个皮毛贸易圈。

4. 融资的困难

在行店业经营的鼎盛时期，一旦遇到资金短缺的问题，行店在当地银行很容易得到贷款，只要有相熟的保人便可。但是现在，由于银行信贷制度的完善，也由于行店业的不景气，行店若要向银行借款，其首要条件是，必须有事业单位人员的工资卡作为担保。对于大部分来自农村的行店主来说，这一规定几乎断绝了他们向银行借款的门路，即使有借款成功的，也身处尴尬的困境。明新行店的老板为了发展行店，曾向银行贷款，其前提是将三个教师朋友的工资卡作为抵押。由于国际金融危机的影响，使本来就经营不善的行店更加举步维艰，因此银行的贷款一拖再拖，未能按期偿还。朋友的工资也被银行扣下，他每个月则要把工资送到朋友家里去。用他的话说，朋友没有上门讨债，已经是很不错的

---

① 张家川回族自治县地方志编纂委员会编：《张家川回族自治县志·皮毛业》，甘肃人民出版社1999年版，第526页。

交情了。此外，当地银行贷款给行店，也有其自身的困难。张家川地处西北，经济发展较为滞后，"张家川的回汉群众，主要以农业为主，在全县 300031 人中，农业人口有 284531 人，占 94.8%。2004 年的统计资料表明，全县农民的人均纯收入为 1118 元"①。这一数据显示了，占有比例最大的人口拥有着微薄的收入。银行的储蓄有限，不能给行店的发展提供更多的帮助。"资本市场不发达也限制了商贸业的进一步发展，区域金融市场发展滞后，金融业的制度创新也明显落后于东部地区，而居民整体收入低，储蓄规模小，地方经济大多入不敷出，缺少对商贸企业的金融支持，企业融资渠道不畅。"② 融资不畅是西北地区的通病。因此，依靠地方银行给予行店支持的力量非常薄弱。

与此同时，地方县政府也无力给予投资，"张家川县 2003 年的财政收入为 1813 万元，而 2003 年的财政支出 14877 万元，收支相抵，支出差额达 13064 万元，从其他渠道筹措垫支外，尚累计财政赤字 13354 万元"③。在政策性的资金扶持方面，当地政府目前的主要规划似乎更偏向于反贫困措施和新农村建设④，行店当然不属此列。

除此之外，仅剩的社会关系也非常有限。大多数行店主的朋友、亲戚几乎都和皮毛生意有关，可谓一损俱损，融资相当困难。他们目前维持行店运营的主要资金，还是来源于自身早先的积累。因此，资金一旦被货物所占或是在其他方面稍有不慎，周转就非常困难，更遑论发展。

5. 地方政府相关部门在市场中的缺位

一个市场的良性运行离不开多方的参与，除了直接参与市场交易的商户外，对市场负有监督、管理、服务职责的相关部门也是不容忽

---

① 参见王密兰《张家川皮毛产业和社会经济发展研究》，硕士学位论文，兰州大学，2006 年。
② 黄健英：《甘肃省临夏州民族经济发展调研总结》，载《中国民族地区经济社会发展与公共管理调查报告》，中央民族大学出版社 2007 年版，第 27—28 页。
③ 张家川回族自治县统计局：《2003 年国民经济主要指标完成情况》。
④ 相关内容详见《2008 年度张家川县政府工作报告》（http://www.zjc.gov.cn/type-news.asp？id=268）。

视的力量,他们对市场秩序的维持、市场的积极发展将起到关键的作用。应当说,县政府对此作出了积极努力,"1992年以来,县人民政府制定了一系列优惠政策,要求工商、公安、乡镇政府协同努力,优化发展软环境,提供一流的服务,尤其简化办事程序,下调税费"①。在之后的几年间,由于市场一度滑坡,县政府对此又作出了更为切实的举措,"皮毛市场的滑坡引起了县委、县政府的高度重视,多次进行专题研究,并组织工商、税务等职能部门多次到外地学习、考察,决定1998年5月起,由工商部门牵头,国税、地税、财政、检疫、公安等单位在龙山镇的基层所、站参加,成立皮毛市场联合办公室,实行一厅式服务,24小时办公,在规范市场交易的同时,统一对皮毛交易环节的税费定额下调50%左右,以实现皮毛市场的恢复性发展"②。这一系列政策的施行在一定程度上确实起到了推动市场发展的作用,然而,在政策实际落实的过程中,有些相关部门并没有实质性地参与到市场建设的过程中。

  依附于皮毛市场设立的皮毛管理所,是工商局下属的单位,其功能是收取市场管理费、调解市场纠纷③、稽查假冒伪劣行为等。然而,近几年来,皮毛管理所的功能逐步弱化,丧失了以往在市场建设中的积极性,其负面效应却不断被凸显出来。有些行店主甚至抱怨说,管理所有时故意罚款,客商去交费的时候找不着人,刚刚启程就被逮个正着。本来一车(5吨)货的管理费是120元,但一旦被抓住,就要罚400—1000元不等,客商对此当然不乐意,这也导致了客流量的减少。

  同时,行店主还指出,市场建设服务中心只负责向皮毛市场大院内的24户行店收取房租,却根本不对市场的卫生条件予以维护。行店主的抱怨不无道理,我们4月份去调查的时候,天气还是比较

---

① 黄月云、王柱国主编:《张家川史话》,甘肃文化出版社2005年版,第244页。
② 张家川国税局:《张家川县皮毛税收征管情况》,1998年。
③ 在收购商贩皮毛的过程中,如果行店之间出现价格竞争,则由皮毛管理所出面处理。

第六章 行店发生变迁的影响因素

凉爽的,但是在皮毛市场及其周围,已是苍蝇满天飞,臭味处处闻。还需提及的是,2008年我们调查的时候,已有行店主指出,相关管理部门进一步缩小了皮毛市场的经营空间,把市场周边本该属于市场的用地都给卖掉了,企图发展房地产业。等到我们2009年再次调查的时候,在这块空地上已经竖起了一排装修一新的二层楼,其中有经营日化的、五金的,还有大量空余的,但鲜有皮毛商入驻其中。对于行店主而言,这种房屋格局根本不适合经营皮毛生意。这一排二层楼相当于用围墙围住了整个皮毛市场,留给市场的只是一扇仅能容纳一辆卡车进出的大门,这似乎像一张张开的嘴,讽刺着市场的苟且残喘。

问题不止于此,一些防疫、环保部门只是收费,不能很好地履行自己的职责。如防疫部门不对皮子进行检测,而环保部门也是除了罚款,几无事情可做。行店主认为,皮毛业的交易,尤其是皮毛业的制造必定存在污染,单纯的罚款根本不能解决问题。这种一味地罚款而不给予积极的建设,最终只能打击皮毛从业者的积极性。其实,张家川的这一现象在整个甘肃省都存在。"目前甘肃省制革、毛皮等生产企业仅存十几家……制革企业主要分布在天水市张家川县、平凉市、临夏州广河县……政府不重视皮革行业的发展,没有培育市场,对皮革的减少污染物排放没有财政扶持政策,且环保部门又单纯的死卡,影响了企业的经济效益和生产积极性,造成了在甘肃省内有资源无产品的尴尬局面。"[1] 如此看来,这个问题似乎应当归结为政府职能部门的方法不当。但在更深的层面上,则暴露了政府相关部门对自己在市场中角色定位的认识不清。到底是市场外的管理者,还是市场内的建设者,也许只有厘清了这一问题,他们才会对市场的发展作出应有的努力。

不可否认,地方各级政府相关部门都曾经为皮毛市场的繁荣发展

---

[1] 参见《甘肃省皮革行业重压之下亟待振兴》(http://www.world-leather.net/ShowPost.asp? ThreadID = 44489)。

作出过诸多努力。但是面对现状，仍然有一些举措需要去完善，要在意识和方法上进行更新。行店主们呼吁："政府要救市场"，这实际上表达了一种强烈的意愿，即政府部门的职责除了是锦上添花以外，更应该是雪中送炭。

二 硬环境

"硬环境主要指自然条件、地理区位、基础设施及相关产业配套能力等有形因素。"[①] 相比于软环境，硬环境则更加直观地表达了一个地方的经济发展水平。就张家川皮毛市场发展的硬环境而言，其不足之处表现在以下方面：

1. 基础设施的滞后

龙山镇曾经是西北地区最大的皮毛集散地，目前又是省市文明示范建设镇之一，然而其旧城街道却十分狭窄。一到雨天，整个镇子就成为"烂泥湾"，混杂着皮毛的味道，气味十分难闻。当地人以"三片片"来形容龙山镇的生存状态，"吃的饭是面片片，谋生的是皮片片，走的路是泥片片"。

一直以来，龙山镇的基础设施远远滞后于经济的发展，没有上档次的宾馆、饭店和超市。招待客商的只是一些设备简陋的旅馆和行店里的客房，而且只有一家旅馆是土锅炉供暖，其余几乎都使用大铁炉。沿街的饭馆里仅能提供一些具有地方风味的饭菜，这对于外地客商来说，极不方便。商店里出售的东西也极为简陋：面包、方便面、饮料等，如此而已。甚至于还有盛装在脸盆里的瓜子、麻子等，一毛钱一小袋。走在龙山镇的街道上，你很难想象这就是曾经名震西北的皮毛集散地，它的整体基础设施的发展比它的皮毛业更显衰颓。

如果不是逢集之日，空荡的街头除了卖饼的老人，很难觅见卖吃食的，早餐的解决对于外地人而言成了一大问题。不过对当地人而

---

① 魏后凯、陈耀：《中国西部工业化与软环境建设》，中国财政经济出版社2003年版，第140页。

言，这种卖的饼就是早晨的干粮。一张桌子、一个篮子、一个老人、几张饼，这幅图画在民国时期张家川的老照片里出现过①，六七十年过去了，现今这种形式依然如故。

图 6-1 行店里为客商提供的客房

图 6-2 街头卖饼的老人

---

① 参见 In Search of Moslems in China, April 30th to July 2nd, 1936 [unpublished trip diary by Rev. Claude L. Pickens, Jr.]. Rev. Claude L. Pickens, Jr. Collection on Muslims in China, Harvard-Yenching Library。

下篇　张家川回族行店的现代接续

当地人认为，20世纪90年代，龙山镇比张川镇先进，而现在则落后于张川镇。其实，即使就张家川县政府所在地的张川镇而言，与周边环境相比，也显得很落后。张家川县城内目前的交通工具仍以三马子为主①，而与其相邻的秦安县则是出租车和城内的环行公交车。在这样一个总体发展都显滞后的环境中，龙山镇很难借助其曾经拥有的雄厚经济力量而有所突破。

当我们回顾龙山镇经济发展的顶峰时，曾经感叹如此小的寻常巷陌间竟然容纳了如此大的经济爆发力。而今当我们目睹现状时，却又不得不感叹，曾经因经济快速发展而名震西北乃至全国的龙山到如今依然是旧貌不换新颜。这样的环境如何能适应客商的需求？如何能适应市场转型期张家川龙山皮毛市场发展的需要呢？星月行店的老板谈道："我的一些大客户在龙山镇谈妥生意后，就立马住到天水等货，从来不在龙山住，咱这儿条件不行，连个热水澡也洗不上。吃的饭除了面片就是羊肉，没别的菜。那人家可不行啊！"（访谈记录20090419-HBY）市场周边环境建设的不足是制约市场发展的一个不可忽视的因素。

2. 配套资源的不足

在张家川龙山皮毛市场中，行店业一直以来居于核心地位，但占据如此重要位置的行店业几乎一直是处于孤军奋战，保持单一化经营的局面。毋庸置疑，这一形势大大桎梏了它的发展。

就目前行店的经营现状而言，在店里进行交易的货物大多仍以生皮为主，熟皮为辅，至于皮毛加工的成品、半成品则少之又少。即使是生皮，也呈现出种类单一、供应不足的现状。这主要源于它不是天然的货源产地，又没有培养自己的养殖基地，同时也没有其他养殖基地为其供货，导致行店只能靠商贩的收购维持运营。原产地市场的兴起，进一步致使他们货源不充足，更谈不上丰富，等于直接卡住了龙山镇皮毛市场发展的"咽喉"。完全依赖外援，没有自己本地的养殖

---

① 一种载客的三轮车。

业，是当地皮毛业发展的瓶颈，只有破除这一制约因素，才能迈开发展的第一步。而综合型皮毛市场的发展恰恰在这一方面作出了表率，并形成了自己的优势，以河北的货栈为例："本货栈地处河北省昌黎县皮毛动物养殖基地，皮毛资源丰富，临近昌黎县皮毛交易市场，地理位置优越。本货栈从事皮毛生意多年，熟知养殖情况及行情，并且有专业的质量鉴定人员为您服务。"① 充足的货源是吸引客商的一大亮点，这既是张家川龙山皮毛市场曾经成功的法宝，也是其今日失败之所在。

同样，张家川本地的皮毛加工业也不具备能吸引客商的优势。如规模稍大的皮毛加工公司一般雇佣四五十名工人，规模小一些的一般雇佣十多名工人，主要是对皮毛进行粗加工以后，销往江苏、河北等地的大公司进行深加工。在龙山镇乃至整个张家川，像这样小规模经营的加工企业有上百家之多，然而普遍都是规模小、工艺陈旧，只能为深加工基地打工，不仅产品的附加值不大，而且也不能有效地吸引客商入驻，还在很大程度上污染了当地的环境。

张家川行店业一直以来都遵循着传统的商贸模式，没有开发自己的主打产品，没有培植本地的特色货源，单纯地就商贸而商贸，是其唯一的经营方式。当外在环境一旦变迁，这种单纯的商贸活动便很难维持。就目前的市场转型期而言，行店竞争的背后，其实是围绕着行店业的综合竞争。没有形成规模化经营，致使张家川的行店业孤军奋战，其失败似乎也就成了一种宿命的安排。

综上所述，张家川回族行店的衰退由多重因素所致，既有外缘因素的催生，同时也有内在缺陷的"推动"。一方面，地方政策的不连贯，外围设施的落后固然不同程度地影响着行店业的衰变；但另一方面，当地皮毛市场暴露出的竞争劣势也是行店业由盛转衰的根本原因。改革开放之初，凭借当地回族人吃苦耐劳、擅长经营的优势，皮毛市场的发展带动行店业迎来了一片春天。伴随着改革的推进，国内

---

① www.qunfatong.com/qhd/Index.asp.

下篇　张家川回族行店的现代接续

皮毛行业在市场结构方面作出了新的调整——原产地市场和综合型皮毛市场应运而生。与此同时，张家川皮毛市场却仍然以中转站的角色维持着单一的经营模式。所以在较短的时间内，它就被新兴的具有货源优势的原产地市场和具有客源、货源双重优势的综合型皮毛市场击垮，从而丧失了在皮毛业中的佼佼者地位，渐渐从公众的视野中退出。

在新形势下，张家川回族行店的起死回生还有待于当地皮毛市场的振兴，而这一切工作的落实，不仅在于本地皮毛商人对国内皮毛市场动向的自觉，地方政府对本地皮毛市场生存环境的优化和调整，还要有地方社会系统之外的力量涉入其中。

第七章

行店兴衰与地方社会

在皮毛市场由盛转衰的过程中，深受地方社会影响的行店，同时也释放着自身的能量。由此而言，它的发展也就与地方社会其他领域的走势必然相关。本章将着重探讨行店的兴衰与地方社会诸领域之间深层次的关系。

第一节 行店主在教育领域的作为

从拥有财富的角度来讲，任何时期的行店主无疑都是张家川地方社会的主流，属于当地富裕的阶层。商业中积聚的大量财富，不仅奠定了他们在当地的经济地位，同时也树立了他们在地方社会中的威望。行店主借助财富搭建的平台，通过其他方式和途径去影响社会，在地方事务中发挥着重要的作用，其中首先涉及的就是地方教育。

一 与行店密切相关的女校教育

（一）行店主对女校教育的支持

相比于晚清至民国时期，现代行店主在地方教育中出现了投资对象的转移。如果说，晚清至民国时期的行店主主要致力于发展地方公众教育，那么，现代行店主则专注于投资地方的女校教育。这种转变主要基于外在环境的变迁，因为现代社会，国家完全承担了公办教育的投资。未被国家力量介入的女校教育遂成为现代行店主的投资目标。

1. 对女校教育重要性的认识

女校的生源主要是来自贫困家庭，由于诸多原因而错过上学年龄的大龄回族女童，同时也包括不定期举办的培训班中的妇女和男学员。前者是住宿制学员，实行集中统一管理，而后者则即来即学，管理较为松散。在龙山镇，我们走访了创办龙山镇第一所女子学校的 MAH，他是一个博学多识、性情豪爽的老人。在谈到创办女校的初衷时，他认为：

> 要振兴一个民族，最大的莫过于教育，而教育之中，莫过于女子先行。每一个孩子的启蒙都最先来源于母亲，只有优秀的母亲才会有优秀的子女。（访谈记录 20090420 – MAH）

这正是他创办龙山回族女校的缘由与宗旨。无独有偶，龙山镇另一个回族女子学校的负责人 BAH，对女校教育的见解同样深刻，他说：

> 受过女校教育的女孩，将来可以找一个好的婆家，因为她们符合好母亲的标准。而母亲是一个家庭的核心，负有重大的责任：主持家务、培养子女、孝敬老人、尊敬丈夫。一个好的妇女会使一个家庭和谐，而家庭的和谐是社区和谐的基础，社区的和谐又促进了整个社会的和谐，从而形成由母亲—家庭—社区—社会这样一个发展的链条。（访谈记录 20090518 – BAH）

女校创办者的这些认识往往会对以行店主为代表的经商大户进行宣传，通过让他们自身加强理解，促使他们为女校办学积极主动地捐助。在和 BAH 交谈的过程中，碰巧遇见资助女校的大户——"红星皮毛有限责任公司"的负责人，他认为：

> 对于女性的教育可以更好地传承给孩子，培养优秀的女性就是在间接地培养民族和国家的未来人才。（访谈记录 20090518 – MZL）

应当说，在皮毛行店主中，持有这种见解的不乏其人，正是在这种理解的基础上，他们才会对女校施以极大的援助。

2. 行店主对女校的实际资助

龙山镇目前一共有三所女校，据他们的负责人讲，这些女校的发展完全依赖于民间筹资。创办最早的女校校长谈到，该女校是由MAH创办，创办之初所有的费用全由行店支持。其中MAH儿子的前进行店出资最多[1]，是该校的首要支持者。在1985年至1996年这十多年间，前进行店除负担该校教师的工资外，还为建立校舍购买地皮，并在学校的日常开支方面捐赠现金。女校日常生源以女学员为主，但偶尔在寒暑假，女校也招收男学员办短期培训班，这对当地社会教育的发展起了促进作用。

与该女校一样，其他两所女校的发展同样离不开行店的支持。据这两所女校的负责人讲，女校的学生大多来自贫困家庭，女校几乎不向她们收取任何费用，免费提供教育、住宿和伙食。而这些经费完全依赖民间富商和热心教育的各方人士的支持。他们少则几千元，多则几万元，为女校的发展尽其所能。在龙山镇的一所女校，我们去的时候，正值校长外出，据说是去杭州打理皮毛生意。谈及经费来源，负责的老师指出，女校的很多开支几乎都由校长一人支付。这也是当时推选校长的重要考量标准之一，那就是具有较强的经济实力。

其实，对于女校的支持，除了以上提到的几家具有代表性的行店外，永久行店、星月行店、明新行店等都不同程度地支持过女校的发展。尤其是当女校的经营遇到困难时，他们总会在财力、物力各方面施以援手，为女校送去面粉、煤炭、资金等。行店以自己的实际行动，解读着对女校教育意义的理解。正如MAH所言："教育是改良民族精神的唯一道路。"（访谈记录20090420 - MAH）在有识之士的引导下，很多致富后的回民积极地将财富捐献给女校，这对于当地教

---

[1] 前文提及的前进行店最初是股份制经营，MAH的儿子正是该行店的股东之一。

育的投资是一项重要补充。当女校随着社会的发展,融入越来越多的现代教育理念时,其教学内容也在与时俱进。有两所女校在以往语文和数学等传统科目基础上,又增加了计算机和英语的授课内容。其中一所女校的负责人认为:"现在仅仅识几个字,算几个数已经远远不能跟上时代发展。如果学会计算机和英语,将来这些学生也能更好适应社会。"(访谈记录20090516-BAH)一定程度上讲,女校教育成了公办教育的辅助,女校的积极发展成为反映地方教育繁荣的一项指标。

(二) 女校发展与行店经营的相关性

作为地方社会结构中的一部分,女校教育不仅在资金上依赖于行店主的支持,而且它自身的发展与行店经营的兴衰也密切结合在一起。

综观以上三个女校的发展,它们的办学无一例外地与行店主的经济支持密切相关。因而,行店经营的兴衰势必会对这种资助造成影响。笔者在2008年、2009年的两次调研期间,正值行店经营的低谷期,尤其是2009年受到国际金融危机的影响,皮毛业一蹶不振,很多行店上半年的经营业绩几乎为零。其实在此之前,行店市场就已经在走下坡路。2000年左右的时候,受整个国内市场和当地各种因素的影响,皮毛市场出现衰落。之后,虽一度回暖,但又继续衰落。

皮毛市场的持续衰落直接导致了女校办学资金的紧张。三所女校的负责人几乎都表明,目前由于民间资金投入的减少,女校的办学经费严重匮乏。宿舍的整修、教学条件的改善、老师工资的发放等,都面临资金不足的问题,他们只能通过其他渠道继续筹资。

同时,女校发展与行店经营的相关性还表现在生源的变化上。我们可从其中一所女校的发展趋势做一解析。该校由于办学较早,在历年的招生规模、受教类别和生源属地方面积累了一些资料,笔者汇总成表7-1[①]:

[①] 表中妇女和男生皆为本地人,而女生中既包括本地人,也包括外地人。因此分析生源的变化与行店经营的相关性时,主要以妇女和男生的人数变化为准。

表 7-1

年份\项目	地域 县	地域 乡	地域 村	老师执教次数	执教老师人数	受教类别 妇女	受教类别 男生	受教类别 女生	总计受教人数
1981—1986	1	1	2	20	8	——	291	340	631
1987—1990	1	1	2	34	19	——	501	1038	1539
1991—1994	1	2	4	78	23	720	424	1250	2394
1995—1996	1	4	13	59	31	2395	484	1554	4433
1997—1998	3	9	20	74	33	2576	1282	1440	5298
1999—2000	5	6	20	83	25	2005	301	1217	3523
2001—2003	5	14	19	108	27	2864	463	940	4267

上表显示：（1）招生人数从1981年到1998年基本上一直呈上升趋势。而在2000年时，呈现一种下降的趋势，2000年以后，这种趋势更加明显。①（2）受教类别中，无论是妇女还是男生，其人数在2000年左右都呈现减少的趋势，尤其是男生人数在2000年以后出现了锐减。（3）生源属地与前两者为反比关系，呈现一种上升的趋势。在2000年时，生源属地由三个县增加为五个县。

从表中所反映的变化趋势可以分析得出，女校的发展与行店市场的兴衰有一定的相关性。在2000年之前，行店市场兴盛时期，无论是总体的招生人数还是妇女和男生的入学人数基本上都是上升的。但在2000年之后，由于市场的滑坡，这三者都出现了下降，其中男生人数的下降幅度更大。究其原因，主要是由于女校中的很多男生都是皮毛市场的主力军，都是赖行店为生的皮毛商贩。行店市场兴盛时，他们留在龙山镇维持生计，在闲暇时就成为女校的生源。但随着市场的不景气，他们逐渐离开了乡土，出外打工，由此，造成了女校生源中男生人数的锐减。而妇女人数的减少也是基于同样的原因，她们以往在本地行店中做一些零活，好的时候一天能赚上百元。在市场不景气时，其中有很多人也是选择出门打工。女生人数的减少则另有原

---

① 2001—2003年是两年的招生总数，如果算其平均数，那么每年的招生数是比较少的。

因，正如该校的负责老师所指出的，伴随着国家义务教育政策的有效落实，人们更加重视公办教育，越来越多的适龄女童进入公办学校，女校教育由此不再成为她们的需要。

由上述分析可知，女校和行店之间的密切关系不仅表现在前者对后者的经济依赖，也表现在前者的生源增减变化与后者的经营盛衰呈正比的关系。而无论是资金的不足，还是生源的缺乏，都会使女校的发展捉襟见肘，举步维艰，今日女校的发展状况足以说明这一点。

二 对普通教育的重视及其践行

目前，在张家川地区，人们对普通教育越来越重视。这是因为，在市场转型的过程中，依赖于经验的皮毛市场日益衰落，而普通教育提供的知识回报却越来越大，最重要的是近年来国家在教育方面的政策施行和资金的大力投入，普通教育的重要性也在与日俱增。除此之外，也有其他原因促使了一些行店主对普通教育的重视。

首先，周围参考群体的影响。"所谓参考群体，就是个人在形成自己的一般价值或者特殊价值，形成自己的态度或行为时作为比较参照点的群体。"[①] 在我们接触的行店主中，有一些人对普通教育的热衷来自于身边亲戚、朋友的影响。

> 自己小时候认为做皮毛生意很脏，很丢人，虽然有钱，但没有地位，得不到人们的尊重。表姐家很注重对儿女的培养，她的子女由于读书的原因成功地留在了省会城市，有钱有地位。除此之外，在龙山镇的行店主中有四五家的孩子都在上大学，也找到了相当不错的工作，这很影响自己注重对教育的投资。因此为儿子买了手风琴，后来又送儿子到外地学钢琴，总共花了几万元。不过，让人骄傲的是，儿子后来上了艺术类本科生，这样的投资是值得的。希望儿子以后有一份有社会地位、受人尊重的工作，

---

① 周长城：《经济社会学》，中国人民大学出版社2003年版，第212页。

不再与皮毛业打交道。(访谈记录 20080511 - MQL)

其次,外来信息的刺激。相比于沿海发达省份依托文化发展经济而言,已有部分行店主体察到皮毛市场发展的瓶颈所在。对于外来信息的敏锐捕捉,使行店主将解决市场发展困境的路径转向了教育。

> 近期由于皮毛生意不景气,自己抽时间去东南沿海转了一圈,感触很深。东南地区不仅经济发达,而且人文环境很好。自己接触了几家私营企业的老板,他们的见识和谈吐都很超前。相比之下,当地人就没有企业家的形象和头脑,即使再有钱,却无法改变自己的精神面貌。即使是做皮毛业这一行,要想做大做强,没有文化是不行的。对于自己孩子未来的发展,当然希望他们能接受良好的教育。(访谈记录 20090516 - MQ)

再次,市场滑坡带来的影响。目前皮毛市场出现了持续的滑坡,生意极不景气。然而,正是这一现象的出现,却催生了行店主对教育的重视,使得他们平时无暇顾及的教育被提上了日程。

> 以前对教育并不是特别重视,因为祖祖辈辈赖以为生的皮毛业需要的只是经验,即使目不识丁,时间一长,对这一行也就了如指掌。身边的朋友从事这一行的时间都很早,有的初中毕业,甚至小学毕业就不上学去贩皮了。即使学习不好,只要肯吃苦,赖着皮毛市场就能活,甚至发家致富。但现在就不行了,今天皮毛市场的发展很难,连续几年都不见好转,情况还更糟了,让人对皮毛行业已充满绝望。本地除了皮毛业外,没有任何发展前途,很多原先在市场里挣钱的年轻人都去了外地打工。自己现在特别注重对小孩的教育,希望将来把子女送出去上学,让他们有份好工作,日子过得更好一些。(访谈记录 20090421 - MY)

| 下篇　张家川回族行店的现代接续 |

从以上三个典型案例可以显示，行店主表现出了对于子女接受教育的期望。无论是由于身边群体的影响，还是对于自身所属团体的外在形象和行业发展的反思，抑或是面对市场滑坡从而引发关于未来的设想等，种种原因都促使行店主极为重视子女教育的发展。

除了在家庭内部对子女的教育关注以外，有的行店主还自愿捐助公办学校，支持地方教育的发展。如前进行店的老板，在胡川乡修公办学校时，正值行店业的高峰期，他曾出资建校。庆生行店先后为胡川乡光彩小学捐了1500元，为张良小学捐了1500元等。有的行店主还捐资庆祝教师节，如振兴行店在1988年，为张良小学和张川镇西关小学捐款300元置办庆祝教师节的礼物。还有的行店主对当地的贫困大学生进行资助，三百五百，不一而足。

如果说，晚清至民国时期的行店主对普通教育重视的原因之一，与其经商的活动密不可分，那么，今日的行店主对普通教育的重视，则更多地来源于对教育高回报的体会。当然，二者所处的情境已截然不同，但对教育的重视，对"有书真富贵"的理解，虽历经百年，仍殊途同归。

第二节　新型社会观念的形成

文化经济学认为，人们所从事的经济活动总是嵌入于地方性的文化和价值体系中，因而不可避免地带有文化强制的痕迹。但同时也有学者指出，"文化经济学也不必是决定论的：认识到文化的强制和专横并不意味着社会参与者总是一味顺从和忍让"①。这也就指出，人们所从事的经济活动既是文化的载体，同时也创造着新的文化模式，以削弱原有文化的影响，体现了经济活动的创造力。行店业的发展，同样遵循着上述逻辑，女性涉足行店领域所表达的文化意义正是对这

---

① [美]麦克尔·赫兹菲尔德：《什么是人类常识》，刘珩等译，华夏出版社2005年版，第109页。

一逻辑的具体体现。

晚清至民国时期，女性受着传统文化和宗教观念的束缚，很少走出家门，更遑论在外经商。因此，当时的行店业中根本没有女性的存在。行店作为传统行业领域之一，一直为男性所把持，直到20世纪90年代以前鲜有女性涉足过。然而，随着社会环境的变迁，这一情况已经大为改观。行店活动领域中，女性这一群体的广泛参与具有划时代的历史性意义。在我们对龙山镇皮毛市场的调查过程中发现，当今的行店主皆为男性，女性涉足的领域主要局限于皮毛贩运和其他零散工作。

很多妇女为了提高家庭的生活质量，不再囿于传统观念的束缚，而是积极活跃于皮毛市场，成为引人注目的娘子军。"她们从家庭里解放出来，走河南、上宁夏、闯新疆，足迹几乎踏遍了半个中国。据资料统计，2003年，全县从事皮毛贩运、皮毛加工、羊毛梳绒的妇女上万人，她们以特有的气质和耐心，个个锻炼得能说会道、手脚麻

图7-1　正在挑选皮张的妇女

利、干练泼辣;有的成为脱贫致富的带头人,为皮毛市场的发展起了不可低估的推动作用。"① 这些女性中以回族妇女为主,但也有大量的汉族妇女,她们大多没有文化,但却个个精明能干。

在这一"娘子军"团体中,不乏杰出的代表,MSR 就是其中之一。她被公认为皮毛市场上最能干、最活跃的女性代表,她的奋斗史案例对我们认识皮毛交易中的女性,有了一个直观且具体的表达:

> MSR 今年 40 岁,给人的印象是精明、能干、善谈。她最初走进皮毛这一领域纯粹是为了维持生活。由于耕地短缺(这一境况在张家川普遍存在),家里 5 个人只有 2 亩地,根本不能解决温饱问题。当时她的姐姐、嫂子都已在贩皮,在她们的影响下,MSR 于 1994 年以借来的 100 元起家,开始做皮毛生意。由于是新手,什么都不懂,对于皮张的质量和价格不能把握,只好在市场上凭借中介卖给对方,赚了第一笔钱。虽然仅仅赚了一二十元钱,但对她来说,却意味着成功之路的开始。后来她慢慢学着观察别人检验皮子的方法,并观察别人对于各路皮的成交价,摸索了五六年后才上路,最终成为一个识别皮毛的行家里手。
>
> 初入行店交易时,由于是初来乍到,行店根本不会给她任何赊欠的机会,全是现金交易,因此当时的发展规模较小。不过在价格和抽佣上,行店主对她很照顾。因为能干这一行的女性实属不易,往往出于生活的艰难。后来,在龙山镇的市场上偶遇了一个河北的女商贩,从此两个人联合起来收购皮毛。当时,她只有 9000 元的资本,而对方有 20 多万元的资本,但是由于她识别皮毛的技能好,而且有地利的优势,因此彼此的合作以五五分成来算。河北的女商贩负责在河北本地订货、催款,而她则主要负责在龙山镇的收购,两人间的默契与信任,使得这种合作一直维持到现在。由于河北的价格高,销路畅,

---

① 参见黄月云、王柱国主编《张家川史话》,甘肃文化出版社 2005 年版,第 248 页。

第七章　行店兴衰与地方社会

这种合作在十几年间，为她带来几十万元的赢利。在皮毛市场经营好的那几年里，她游走于各个行店之间，靠赚取货物的差价赢利。那时候，从外地收购皮毛的商贩货车一到，就被本地商贩抢走了，尤其是西藏的货，特受欢迎。谁抢下算谁的，然后行店主再统一算账。抢下的这些货可以伺机而待，卖个更好的价格。也就是说，无论进驻哪家行店的外地客商选货时，他们都可以再次将货卖掉，或直接卖到外地。除此之外，她还负责给别人挑选皮张，赚取提成。

MSR和她的姐姐、嫂子及其他大多数的女性一样，几乎都不识字，至今记账还得借助别人，只会用计算器算账。她谈到，大多数女性不能承受价格的起伏不定，退出了皮毛市场。即使活跃在市场上，能做万元以上生意的也很少，而和她一样做几十万元生意者，更是凤毛麟角。她坦承自己胆子大、想得开，这是她立足于皮毛市场的根本。除此之外，还要有敢于冲破世俗的勇气。用她自己的话说，"我就没把自己当女人看"。既然要做生意，就要符合行内的规矩。皮毛交易的大宗买卖是靠在行店中的揣手来定价的，对于男性而言的常举在女性则是一种挑战和突破，尤其对于回族女性而言。在整个市场上，能做大生意揣手的女性很少，她就是其中之一。接受女性介入揣手生意，对于当地人来说，更是一种观念的突破。刚开始，河北的汉族女客商来龙山购买皮毛和当地人揣手，引来一片笑声，而MSR自己刚开始和别人揣手，也被人所笑。但现在则不然，人们对此已习以为常。在笔者调查的过程中，适逢本地商贩与其交易，两个人随便拿一块羊皮遮挡在手上，进行揣手谈价，淡定自若，自然而然。

1999年，她在经营了五年皮毛生意后，花了2万多元给家里修了8间大房子，后来又花了2.5万元买了一块地皮，打算再盖两层楼房。2005年，又花了3.5万元在龙山镇供销社买了一处铺面，出租给别人，每年可以获利3000元。2001年"9·11"事件发生时，皮毛价格下跌，山羊绒皮从75元跌到22元，损失过半。有的皮毛

| 下篇　张家川回族行店的现代接续 |

堆放在河北的行店里，三年没有卖出。那几年，她赔了十几万元。2008年，当地的一家加工公司给广东的客商加工皮革，客商雇佣她负责验货，一张皮子给一元钱，主要识别皮子的面子、长短等。由于资金一时不能到位，由她先垫上了18万元贷款，但是现在，这笔资金迟迟不能还上。本来要修的两层楼房，现在也只能往后推了。

市场的不景气使原来市场上的几百个女性皮毛商贩，现在可能只有十几个了。但MSR并没有退缩，仍然待在市场中。她告诉我们，她爱干这一行，喜欢在皮毛中转悠，将来最大的愿望是开一个属于自己的行店，一家由女性负责经营的行店。在我们离开龙山镇的最后一天，她给广东客商选皮子，就是负责甄别皮张的质量，每张提成0.2元，共需6000张皮子，在早晨不到10点钟的时候，MSR已经赚了1200元。①

从对MSR的访谈和接触中，我们不难发现，相比当地的农业收入，女性涉足皮毛交易所赚取的收入无疑成为家庭经济的主要来源。然而就整个市场而言，她们仅占有微不足道的份额，无论就地盘、人数、资本来说，皆是如此。尤其是在皮毛业处于萎缩时期，这些女性更是大量地退出了这一领域而重归田里，抑或外出打工。但不可否认，她们在一个时期的出现带给了当地极大的影响。

皮毛交易的传统赋予了男性天然的主宰性，相比男性，女性进入皮毛交易领域颇为不易。因为被男性主宰的这一领域有自身的封闭性和重复性。男性们大多从小就被亲朋带领，结帮外出收购皮毛，他们不仅习得了识别皮毛的技能，而且熟识了很多圈内同行。女性则不然，她们缺乏从小耳濡目染学习识别皮毛技能的机会，从而也失去了与同行交往的机会，这使得她们缺乏进入这一网络的有效途径。相比于男性，女性社会资本的缺乏导致她们较难进入这一网络。同时，她们还要面临着冲破传统观念的束缚。从"足不出

---

① 以上内容均来自笔者对MSR访谈材料的综合整理。

户"到出外经商,从传统所界定的女性分工领域向男性领域的转移,这种双层的转变不仅意味着女性在经济领域的立足,同时它也指向了女性在精神领域所发生的深层改变。当然,这种转变离不开男性的"宽容"。无论是行店主,还是其他客商和商贩,他们和女性的平等、甚或报酬稍微优厚的交易都是对女性能立足市场的有力支持。

女性涉足皮毛交易固然有经济意义的追求,但更是一种文化意义上的表达。毫无疑问,皮毛市场中的商人群体不仅是经济群体,同样也是文化表达主体,商人在成为财富创造者的同时,也成为观念的革新者。女性加入皮毛贩运的行列,对于以往的观念是一种突破,其"揣手"的行为在当地乡土社会中不啻为一股新风尚。因此,女性不仅仅是依附着这个市场,同时也在改造着这个市场。其实,改变的不仅仅是这一个领域,对于整个地方社会而言,又何尝不是一种新的气息呢?虽然目前由于皮毛业的不景气,许多女性商贩退出了市场,但她们曾经的出现,对于当地人无疑是一次精神的洗礼,其影响是巨大的。

第三节　次生行业的变迁

在龙山镇的皮毛市场中,行店业的发展具有举足轻重的作用,可谓一荣俱荣,一损俱损,具有牵一发而动全身的效果。行店市场的形成与发展不仅促进了皮毛贸易的发展,而且也催生了其他与之相关的行业,"陇上皮毛集散地的发展,吸引了大批农民进入流通领域,饮食业、运输业、商业、建筑业等第三产业吸纳了农村的剩余劳动力,为农民开辟了广阔的就业门路和致富之门。龙山镇因皮毛市场的繁荣而建起旅店30家,商店100多家,有100多人的运输队,起到了'以商促农,以工补农'的作用"[①]。以行店业为核心,带动了一个综合型市场的发展,然而在行店业发生变迁的今天,这些次生行业也必

[①] 参见黄月云、王柱国主编《张家川史话》,甘肃文化出版社2005年版,第238页。

下篇 张家川回族行店的现代接续

将经历同样的动荡。

第一，餐饮、住宿业的日渐萧条。开办餐饮、住宿的前提是流动人口的存在。流动人口主要来源于皮毛贸易的参与者，它的增减与皮毛贸易的兴衰息息相关。盛泰行店老板的儿子在访谈中谈道：

> 我是在皮毛市场上玩大的。小时候家里的生意非常好，交易繁忙的时候，有时一天我和我爸只吃一顿饭。一是根本没时间吃饭，二是由于饭馆里人满为患。那个时候干啥的生意都好，不像现在，哪儿都没人。（访谈记录20090421-MY）

然而，随着皮毛贸易的衰落，市场中涵养的流动人口越来越少，由此导致餐饮业和住宿业的萧条。

二十年来一直参与管理皮毛市场、本身又是龙山镇人的工商局职员MHQ讲，20世纪90年代，由于行店免费提供住宿，并且提供锅灶让客商自己做饭吃，一些客商住在行店里。即使如此，当时整个龙山镇最多时还有餐馆40多家，旅馆30多家，而如今餐馆只有10多家，旅馆也只有3、4家。大部分开餐馆的人都转到广州、海南、上海等地去另谋生路了。目前，仅存的这几家餐馆，也是顾客寥寥，即使逢集之日，也不能达到满座。餐馆的客源，大多仍是以与皮毛有关的人为主，吃饭的间隙，仍在谈论着市场的行情。

以往皮毛交易的高额利润，使得围绕市场开设的餐饮业，所设定的价格也呈现较高的定位，即使如今，这种定价仍遵循着惯性。一碗烩面5元，一碗炒面8元，一斤手抓肉35元，价格直逼省会兰州，甚至还要稍高一些。除了经营皮毛者之外，周边赶集的农民又有几个能消费得起呢？而经营皮毛者，却又正在趋于减少。

餐饮业的命运也是旅馆业的遭遇。目前开旅馆的几家，除了电力招待所，均由私人开设。以经营状况最好的一家旅馆为例，它是"老货栈"掌柜MFC的另一个儿子MQL于1994年开办的。2001年为了分散开办行店的风险，他在自己的场院盖了一栋三层小楼，办起了旅

| 第七章　行店兴衰与地方社会 |

馆。旅馆的一楼作为铺面出租，二楼作旅馆，三楼则是老板一家所用，二楼四间房子，可提供14人居住。相比于其他旅馆而言，该旅馆干净整洁，整体条件较好，因此成为客商的首选。值得一提的是，虽然目前行店还为客商免费提供住宿，但由于住宿条件普遍较差，客商大多选择在外面住宿，而这部分的花销则由行店主负责承担。据MQL讲，刚开张时，他的旅馆入住率几乎是100%，2005年以后，入住率越来越低。在笔者两次入住期间，第一次只有河北客商包了一间，第二次是河南客商包了一间，其他房间则都空着。旅馆每间房（含双人间、四人间）的价格为30元/天，平均每月收入为1000元左右，即使如此，也是其他旅馆所不能比的。旅馆业的不景气，只能使MQL又开办了皮毛公司兼营行店生意。当有外地客商来时，他仍从事中介服务，赚取行佣，同时也为以前的老客户代理收购皮毛。与之相同的是，其他几位开设旅馆者，也大多兼营行店。其实，无论是开设旅馆，还是经营行店，都没有逃脱皮毛生意的大圈，这也就意味着他们仍然没有找到突破困境的出口。

　　第二，运输业的衰微。运输业中最具有代表性的是"四方联运队"，它产生于市场兴起之时，又因市场的滑坡而解散。20世纪80年代，随着皮毛市场的兴起，货物的外运变得频繁。龙山镇四方乡人MZP、MCY利用地利的优势，瞅准时机，以四五辆车组队，率先干起了运输业，命名为"四方联运队"。后来随着市场的蓬勃发展，货物外运的任务越来越繁重，他们的队伍组成一度扩充为六七十辆车，几乎垄断了整个市场，这也是"四方联运队"最辉煌的时期。

　　据当地的行店主回忆，当时如果有货运出，则需客商、"四方联运队"、行店主三方签合同，以确保货物运输安全。不过，在"四方联运队"的运输史上，从未出现过任何问题而导致货物亏损。盛泰行店的老板讲：

　　　　我们喜欢用"四方联运队"的车，主要是本地车安全可靠。出去送货，只要把地址给车主就可以了，我们则坐火车或飞机提前到，在那边直接等车。而外地车我们就不那么信任，一车货值几十万元甚至上百万元，一旦出事，亏损不小，肯定要用熟悉的人。而且本地车叫起来也方便，一个电话就够了。（访谈记录 20080410 - MXG）

"四方联运队"凭借着天时、地利、人和，一度垄断了整个市场的运输业务，而且它还不断将业务加以扩充。如将货物从龙山拉出，会给附近秦安县的主顾打电话联系，回来时拉的则是秦安的布匹、百货等。这样来回不空，大为获利，因此，"四方联运队"在秦安的名声也很大。

现在，联运队实体早已解散，皮毛市场上专营运输的零散车辆大概只有五六辆了，他们依然本着诚信经营的态度，来回不空，仍如从前。但联运队的那段辉煌岁月对他们而言，似乎已经不能昔日重来。

围绕行店市场发展的还有拖拉机队，他们专门在市场中从事转运业务。严格讲，他们不是一个有组织的"队"，而是在市场中聚合在一起而已。拖拉机队的业务主要是将客商在各个货栈里挑选的货转运在一处，集装成大车拉走，每转运一拖拉机，赚取15元钱。在目前市场中，从事这种业务的拖拉机大约有五六十辆，不足以前的四分之一。车主月均收入不足千元，对比以前月收入几千元来讲，他们对市场的发展感到无奈和迷惘。

第三，行店中雇佣人员的减少和其收入的降低。行店的雇佣人员分为固定性和临时性两种。固定性的组成人员一般包括交易员、会计、门房、厨师等，以男性为主；临时性的人员主要从事装车、晾晒、梳绒、拔毛、分选等，以女性为主。

在行店良性运营的时期，其固定性雇佣人员一般为五六个，有的多达十来个。每个人根据自己的分工领取不同的收入。一般而言，会计都是由行店主自己的亲属或是合伙的朋友来充任，他们不拿工资，而是在年终提取分红。收入次之的则为交易员，每个行店几乎都有两三个。他们的工资从20世纪80年代的四五十元到20世纪90年代的

第七章 行店兴衰与地方社会

五六百元,现在涨到了近千元。门房和厨师的收入在各个时期都相对要低一点,目前为 600 元左右。

零散工在行店经营最好的时期不仅人数多,而且收入也颇多。至于他们的收入则按量来计算。行店在充当交易中介的同时,它还要负责为交易双方做一些辅助性的工作,如装车、晾晒等。零散工装一拖拉机的货,收入 6 元;晾晒货物,每天大约 25 元,干得最好的时候一天可以收入上百元。有一些行店主还兼营皮毛作坊,更需要雇佣大量零散工。如庆生行店于 1992 年在龙山开了一个地毯厂,最多时雇了 300 多个女工,她们手工分选各类皮张,按计件算工资,平均每人每天 20 元左右。星月行店经常雇一些妇女打零工,这些妇女来自于汪堡村,主要擅长拔毛的工作,好的时候,她们一天能赚七八十元。这些零散工一般都是附近村庄的农民,在土地严重不足的情况下,主要依赖行店为生。

然而在行店经营不景气的时期,为了节省开支,行店中的雇佣人员大为减少。首先是对固定雇佣人员的裁减,大多数行店只保留了一个雇员,老板不在时,负责洒扫庭院,接待来客,至于其他的角色全由行店主及其家人担当。只有少数经营较好的行店中还有雇佣的交易员,如星月行店目前雇佣了一个交易员,其月薪为 1000 元。同样,市场的萎缩也造成了对零散人员的需求降低。没有货物的交易,何谈晾晒、装载呢?加之由于皮毛作坊的衰减,用工数量也大不如从前。不过,只要有生意,行店主给出的价格是装一车(拖拉机)货 10 元,晾晒 30—35 元等,虽然价格较以往有所上浮,但这并不能增加她们的整体福利。正如一位晾晒女工所言:

> 我在行店打工十多年了,刚开始每年都能收入七八千元。后来就少了,但一年也能赚三四千元。去年(2008 年——笔者注),只赚了两千多元,今年都到 4 月份了,我总共才赚了 500 多元。(访谈记录 20090511 - MGL)

依照"工资标准×出工率＝收入"这一公式来计算临时性用工人员的弹性收入，不难发现，由于出功率明显降低，虽然她们的工资标准处在历史的最高点，但她们的整体收入却处在历史的最低点。

第四，皮毛管理所的淡出。皮毛管理所是县工商局下属的一个分支机构，是由县工商局在龙山镇依托皮毛市场而建的，在此意义上，我们也将它定义为行店的次生行业。其功能不仅在于对皮毛市场进行管理，而且也服务于皮毛市场的发展。

1989年，县工商局带头，带动一些商户集资筹建了龙山皮毛市场。工商局掏了20万元征购了原县二中的农场用地，建成了今天以行店市场和零散市场相结合的皮毛市场。市场中总共有24家行店，皆是两层楼，一个院子，院里堆放皮毛。楼上5间房子，皆为客商或商贩提供免费住宿；楼下的房子是作为厨房、行店主办公的地方及门房的住处等。这24家行店以皮毛所为中心，分列在它的两侧。站在皮毛所的二楼，对市场中的交易情况一目了然，甚至对街道上其他行店的经营情况也尽收眼底。

起初，皮毛所向每个行店收取管理费，大约为160元/月，同时还对外地拉货的客商收取管理费。在1987—1997年最好的十年间，管理费为320元/车（5吨），后来减为200元/车，2001年后成为120元/车。皮毛所的工作人员承认，生意好的时候，行店主和客商都会主动交付管理费，有的行店主甚至一次性付清一年的费用。但自从2001年生意不景气以来，行店的管理费时有拖欠，客商也时有偷逃的现象，这给皮毛所的工作带来很大的阻力。

2008年9月1日以后，全国统一停止征收个体工商户管理费和集贸市场管理费。这意味着，皮毛所和皮毛市场的联系就此被画上了句号。其实，即使国家不提出免征的政策，市场管理费也很难再收取。现在的行店经营很困难，无论是外地客商还是行店主，都只是在勉力维持。不收取管理费之后，皮毛所这一管理机构将被撤销，它的历史任务也将被终结。站在皮毛所这一破败的小楼上，望着远处凋零的市场，让人心生感慨：皮毛所的命运是否预示了市场未来的走向呢？

第七章 行店兴衰与地方社会

龙山皮毛市场在张家川的地位曾经举足轻重，塑造了"三个三分之一"，即养活的人口占全县总人口的三分之一；依托皮毛市场从事经营活动的农村剩余劳动力占全县劳动力的三分之一；税费收入占全县税收收入的三分之一。① 由此可见，它的衰落将直接桎梏地方经济的发展，尤其是它所吸收的大量农村剩余劳动力，在皮毛市场衰落之后，大部分人重又归田里。面对张家川人多地少的矛盾，这部分剩余劳动力将可能重新回到贫困的边缘。"剩余劳动力在日益减少的土地上进行强制性劳动投入，其边际生产率势必递减，这样，农业劳动者的收入必然很低。"②

综上所述，回族行店主凭借着经济所奠定的突出地位，在地方社会的建设中成为引人注目的群体。这再次证明了，"商人的真正力量在于，他们通过自己的实践，通过发展和完善自身，获得了令所有人都不敢小觑的经济地位。他们拥有的财富具有强大的感召力……成为一种支配力量"③。这种经济支配力量在完善地方事业、带动地方社会发展的同时，也形成了后者对前者的依赖。因此，当经济的走势呈现出衰落时，地方社会似乎也就失去了以往的生机，呈现出普遍萧条的景象。

---

① 参见张家川国税局《张家川县皮毛税收征管情况》，1998年。
② 王玉玲：《少数民族地区基本经济结构问题研究》，中央民族大学出版社2006年版，第55页。
③ 赵立行：《商人阶层的形成与西欧社会转型》，中国社会科学出版社2004年版，第249页。

第八章

百年行店衰落后的思考

从历史上看，滥觞于晚清的张家川行店业，经历了不同阶段的资本积累，也经历了各个时期的艰难曲折，其间有过辉煌的奋斗，也有过低谷的彷徨，跌宕的命运似乎总是同行店业的发展如影随形。时至今日，呈现在我们面前的是行店业一片凋敝的景象，市场昔日的喧嚣似乎已成"无可奈何花落去"之势。这是行店业发展的轮回，还是最后的余音？对于这一问题的回答，如同我们对于它的发生所做的考察一样，同样要在与地方社会的关联中获得求解。

第一节 "龙山模式"的终结

晚清至民国时期的行店业，不仅对当时的社会显示了存在的意义，而且对现代行店的出现及发展释放了自身的能量。受这种能量的影响，张家川龙山镇的皮毛市场一度为其赢来了"小香港"的辉煌时期，从而也形成了被学界誉为复合型经济典范的"龙山模式"。[①]
"龙山模式"所表达的复合型经济，指的是"从传统的农牧业中分化出商业，商业促进了资本积累和人力资源的提升，进而转向手工业和工业，出现了农业——商业——工业分化而又共处一体的复合重叠的

---

① 参见孙振玉主编《回族社会经济文化研究》，兰州大学出版社2004年版，第86页。

第八章 百年行店衰落后的思考

产业结构模式"①。就具体的"龙山模式"而言,它所包含的"工业"其实指的是缺乏市场竞争力的"手工业"。因而,真正能够被誉为"龙山模式"内在基点的,正是广为人知的以皮毛中转为龙头的商贸业,也就是我们所讲的行店业,这才是"龙山模式"所要表达的意图。在此意义上,"龙山模式"的提出虽是目前才有,然而事实上早在民国时期,它就已经成型。它的提出,肯定了以往张家川发展皮毛市场的成功经验,不过,在市场经济深化的过程中,"龙山模式"却由荣誉的光环转变为发展的脚镣,这种转变值得我们分析与深思。

正如有学者所指出的,经济的发展从来就不是一件单纯的事情,"经济本身过去和现在都根植于风俗、社会惯例、地方社区和家庭关系所塑造的社会制度中。因此,我们认为,转型社会的社会学研究受到那些把社会制度与结构更完善地纳入到转型变化的原因和结果的解释中的研究的促进"②。同样,张家川回族行店的形成和发展与其自身所嵌入的历史、文化、社会、地理环境等因素息息相关。这些影响要素具体表现为回族反清起义的历史背景,山大沟深的地理环境,人多地少的贫困状况,传统赋予的重商主义等。此类影响要素在晚清至民国时期,孕育和塑造了张家川的经济发展模式,即以行店为载体的中转商贸模式。

经过了百余年的变迁,影响行店发展的要素大多都已发生改变。但就行店业的发展而言,圈内人士似乎形成了一种集体无意识的约定,主要表现为对传统路径的依赖,即以往的成功经验成为现代行店发展的范式。而且20世纪80年代中期至90年代末期的十多年辉煌,更让他们沉溺于以往的经济发展模式中不能自拔。然而,无论是1949年之前的成功,还是那十多年的辉煌,它们都是借助于边缘地带上成长起来的经济带。正是由于在建立过程中的特殊性,使得

---

① 参见孙振玉主编《回族社会经济文化研究》,兰州大学出版社2004年版,第78页。
② 倪志伟、马蕊佳:《改革中国家社会主义的市场转型与社会变迁》,载《市场转型与社会分层——美国社会学者分析中国》,生活·读书·新知三联书店2002年版,第590页。

| 下篇 张家川回族行店的现代接续 |

张家川的行店业一开始就处于少有竞争的环境中，从而可以在市场中一直保持优势。

行店业在中转贸易中拥有着固定的客户群、庞大的供货商、丰厚的利润，这使得行店主无暇去顾及创办其他产业，而受制于自身有限的教育水平，遂又使他们无法开发产品。然而没有配套产业的支撑，行店业就失去了抵御外在环境变迁的独立性，从而在最初就失去了掌握自身命运的自主性。诚如有学者在对威尼斯商人的研究中指出的那样，"威尼斯人的边缘性为自己提供了充当中间人的机会，但是模糊性也同时显示了它的弱点，如果它能够真正在几大文明中立足并在其交往中发挥作用，它必须具有相对的独立性，这种独立性只有靠强大自己来保证。否则，任何的环境变化和政策转向都会使它失去根基"①。就张家川的行店主而言，正是由于对传统路径的依赖，造成了强调商贸为重，而忽视加工制造业发展的结局，使得大多所谓的加工业仍然停留在家庭作坊的"手工业"阶段。商贸业积累的资本，没有适时地转化为加工制造业，当然也就没有从根本上强大自己。恰恰因为没有大规模产业的支撑，行店的经营活动完全成为一种对外界的依赖。依赖必然造成自主权的缺失，同时也影响了它在市场中讨价还价的砝码。因此，当外界宏观环境变化、边缘地带被弥合时，它们就暴露出了明显的不足，渐渐失去了以往的优势，而处于尴尬的被动地位，听命于他者的安排。这显示了，以商贸为主的"龙山模式"，与市场经济的发展渐行渐远。

其实，因沉溺于成功模式而止步不前，最终导致自身陷于困境的案例非张家川龙山特属。曾经在全国经济发展中出尽了风头的"苏南模式"如今也发展缓慢，有学者对此指出其症结，"苏南改革之所以滞后一步，就是我们吃了模式化、固定化的亏。苏南剥去'模式'外衣只会使苏南经济得到更快发展"②。虽然二者出现困境的原因不尽相

---

① 赵立行：《商人阶层的形成与西欧社会转型》，中国社会科学出版社2004年版，第68页。
② 新望：《苏南模式的终结》，生活·读书·新知三联书店2005年版，第73页。

第八章 百年行店衰落后的思考

同，但发达省份的经验总结和理论探讨无疑给我们重新审视"龙山模式"提供了支撑。问题还在继续深入，为什么这些不同类型的模式在市场经济发展的过程中都趋于失灵呢？模式代表了固定化，同时也代表了僵化，是静态的，而市场经济的转型与深化则都是动态的。一静一动，似乎格格不入。因此，有的学者提出"发展市场经济不需要'模式'"①。这种对于打破"模式"的开放性思考越来越热烈，甚至在政府决策者和学界同仁中都达成了一致性的意见，回良玉同志曾经在江苏省召开的发展个私经济会议上也谈到过，"不要片面地将过去发展阶段上某些地区的成功经验固定化"②。这无疑对模式论者和信仰模式者提出了忠告，也对"龙山模式"的彻底终结作出了总结。

虽然"龙山模式"无可挽回，也没有挽回的必要，"然而历史规定着未来，一种模式的历史终结不会像切年糕一样截然断开"③。所以，这种模式的发展惯性在一定程度上将继续影响龙山皮毛市场未来的发展，要对其进行突破，将困难重重。

第二节 破茧重生

一直以来，张家川的张川、龙山二镇凭借皮毛中转的枢纽位置被外界所熟知，行店业也由于它曾经创造的经济价值一度受到甘肃省各级地方政府的关注。然而，当以一种学术研究的视角对其透视时，我们发现，行店业在张家川的发展，从来就不是单纯地作为一项经济活动进行的。它在完成经济功能的同时，与社会中的其他组成部分发生着程度不同的互动，正是在这种互动中，共同维持着社会的有序发展。"早期的功能主义理论家将世界看成是一个系统性的整体。对他们来说，这些系统被认为是拥有必须得到满足才能确保系统生存的需要和先决条件。他们倾向于认为，这些带有需要和先决条件的系统有

---

① 参见储东涛《发展市场经济不需要"模式"》，《金三角》2000年第12期。
② 参见新望《苏南模式的终结》，生活·读书·新知三联书店2005年版，第73页。
③ 新望：《苏南模式的终结》，生活·读书·新知三联书店2005年版，第67页。

正常的、病态的等状态,从而也就暗示了一个系统的均衡和稳态。社会被看作由彼此相关的、有内部联系的一些部分组成,有关这些相互关联部分的分析,集中在它们是如何作为一个整体满足系统的需要,从而使系统的均衡得以维持上的。"①

毋庸置疑,我们所分析的行店早已成为张家川地方社会不可分割的一部分。这不仅是因为它的百年历史,更重要的是因为它在不同时期对地方社会的经济影响,在教育领域的融入,对社会观念的转变及民族间社会交往的促进等。没有它的存在,诸多的社会行为便不能发生,诸多的社会现象便不能呈现,而我们对于张家川的认识也将是苍白的。以行店业为核心的皮毛业发展,无论是其历史还是现实,也无论是其广度还是深度,都足以成为我们认识张家川的一种象征性符号。因此,我们可以认为,在所有构成张家川这一地方社会系统的相互关联的部分中,行店业的功能可谓举足轻重,它与其他的组成部分共同促进了张家川的发展。

然而目前,行店业的处境不容乐观,深受行店力量影响的地方社会中的诸多因素也发生了变化,随同行店业的低迷而低迷。昔日皮毛"霸主"的衰退,不仅给当地的经济带来重创,同样也使整个地方社会的发展受阻。正如功能主义理论所指出的那样,如果社会中彼此相关的某一部分发生了变化,那么,社会作为一个系统的均衡势必被打破,造成的结果就是社会变迁。② 这种被动变迁的出现及均衡性的打破势必会重组既有的社会结构,由此形成一定程度的震荡,基于这种困境,如何挣脱"龙山模式"的束缚破茧重生,如何变被动变迁为主动出击呢?对于这一问题的回答,必须结合变迁产生的原因进行思考。

有关社会变迁的原因,史蒂文·瓦戈给出了清晰的说明,"社会

---

① [美]史蒂文·瓦戈:《社会变迁》,王晓黎等译,北京大学出版社2007年版,第52页。
② 参见[美]史蒂文·瓦戈《社会变迁》,王晓黎等译,北京大学出版社2007年版,第52页。

变迁被看作是界限的破坏和均衡性的恢复,它有两种来源:内部原因(即系统内部界限的影响)与外部原因(即由社会系统外的其他系统引发而来)"①。就张家川行店业的经营变迁而言,其直接原因应当归结为外部原因,即外在市场的形成对皮毛市场产生了冲击,皮毛市场发展的受阻又成为地方社会衰落的引擎。而内部原因则表现为,地方社会整体系统的不完善,促使了这种持续不断的外向型商贸活动的加速衰落。正是内因和外因的结合,形成了目前地方社会困境的均衡。这似乎给了我们一个启示:如果社会系统自身内部不主动发展以促进积极的转化,那么一旦遭遇外在系统的冲击,变迁将成为一种被动的举措。因而,为了适应系统外的变迁,系统内要进行自我调适,"系统内的调适,大体上与角色重组结合在一起。这一过程可以采取几种形式,包括消失、创新或角色修正"②。对于外在压力引起的变迁,内部系统既可以是消极的改变,如某一结构性要素的消失,也可以是积极的应对,如从相关的机制方面予以创新或系统内部各个角色的修正。

具体到张家川的皮毛行店业,如果听之任之,让其处于滑坡的状态而置之不理,那么最终将导致消极的结局。我们将来面对的也许不仅仅是一个皮毛市场的消失,而是一个由于这一因素的缺失从而使整体受到削弱的社会,目前张家川龙山镇的种种迹象已经表明了这一发展态势。因此,如果该区域要突破目前的困境,要么是重新振作行店业,要么是另辟蹊径,寻找发展的平台。基于以上考虑,我们应该采取的态度似乎不是"消失",而是积极的"创新"。理由包括:

第一,就内部原因而言,行店在张家川的存在已有百余年的历史,围绕这一行业的发展形成了一个人数庞大的群体。他们代代相传,具备识别皮毛的技能、吃苦耐劳的精神、开办行店的传统经验

---

① [美] 史蒂文·瓦戈:《社会变迁》,王晓黎等译,北京大学出版社2007年版,第54页。
② [美] 史蒂文·瓦戈:《社会变迁》,王晓黎等译,北京大学出版社2007年版,第54页。

以及在皮毛业中摸爬滚打的热情,这些都是行店业发展的传统优势。不仅如此,行店业的存在还关系着地方百姓的民生问题及未来发展,并且在更大的程度上关乎着整个社会的发展。也就是说,与地方社会捆绑式的命运,已经将行店业纳入了社会发展过程中的必然构成。

第二,在外部原因方面,皮毛业在中国乃至世界的发展趋势都将越来越强。据有关资料显示:"中国已经成为世界上最大的毛皮业贸易国及深加工大国……中国毛皮市场将成为世界最大的毛皮加工贸易基地。"[①] 世界皮毛贸易加工基地的确立,将使中国的皮毛市场上活跃着大量需求众多的皮毛采购商,他们仍然需要行店这一中介用以小聚大的方式为其收购皮毛,并为其皮毛质量进行把关,以减少其搜寻信息的成本。因而,中国成为一个皮毛大国,预示着行店潜在的市场是巨大的,河北、江苏一些皮毛市场的兴盛就是明证。对于张家川的回族行店来说,所思考的就是如何在众多的竞争者中加大自己的市场份额。

那么,如何采取积极有效的创新机制来扭转目前的困境呢?结合张家川回族皮毛行店发展中存在的实际问题,似乎可以从以下几方面寻求解困的出路:

第一,转化单一的市场结构,振兴皮毛市场。

鉴于行店与皮毛市场之间的相互依存关系,要扭转行店目前的颓势,根本上还得克服张家川皮毛市场自身存在的不足。

(1) 在货源供应方面,通过发展当地养殖业改变皮毛市场对于外地货源的完全依赖。在各地皮毛市场日益成熟的今天,单一依靠外地货源发展本地市场,很容易使行店陷入"货源不足—为皮毛商贩垫资—资金回笼困难—经营规模萎缩"的恶性循环。为了从根本上解决货源问题,行店主应当借鉴国内相关大型养殖场规模化、标准化经营

[①] 《入世三年:中国毛皮业将面临什么》(http://www.china-ah.com/news/2005/06/27/63134.php)。

的成功经验，带动地方力量积极创办养殖基地。这样不仅使货源在量上有了保证，而且在质上也能进行优化，并可以因地制宜，培育自己的特色货源。

（2）在皮毛输出方面，通过兴办大型皮毛加工企业，强化就地消化能力，进而改变对外地客商的过多依赖。必须要提到的是，由于本地没有大型皮毛加工企业，皮货的加工输出几乎完全依赖于外界，特别是近年来只和河北客商进行大量贸易，使得贸易的链条非常脆弱。如2008年北京奥运会，河北省的皮毛加工企业由于涉及环境污染，被勒令停止，这直接导致了张家川龙山镇的皮毛根本无人问津。事实证明，由于周边缺乏大型皮毛加工企业，造成了张家川皮毛市场对外地客商的过度依赖。在加工地市场兴起的背景下，张家川作为一个单一的皮毛中转站不得不走向穷途末路。所以，发展本地皮毛加工业，不仅在皮毛输出方面可以避免过多依赖外地客商，而且也能够增强当地皮毛市场的抗险能力。具体举措就是：在创办大型皮毛加工企业的同时，巩固并壮大当地原有的、富有特色的小型皮毛加工业，如皮毛揉制、裘皮加工以及具有上百年历史的梳绒技术等企业。

第二，获得资金和技术的双重外援。

不同地方的经济发展模式都建基于当地的地理空间，张家川由于地理环境的先天不足，导致了它在发展经济时面临诸多不便，最主要的便是资金和技术的匮乏。

就当地的发展情形来说，政府相关部门已经意识到行店业应当发展新路向。如张家川国税局负责人指出，张家川应走江苏镇江的发展路子，将商业资本转化为产业资本，延长贸易链条。具体来讲，就是市场流通→市场加工（作坊式经营）→联合共同体→精英企业的一条龙路子。思路固然不错，然而，在真正施行的过程中，如果要在当地创办规模化的养殖业和现代皮毛加工业，就必须要应对资金和技术不足的问题，这些问题的解决无疑需要借助外来力量的支持。正如费孝通指出的："客观条件决定了边区的工业发展要有外助，必须充分利用从外面引进的智力、财力和劳力来发展边区工业。"① 在国家整体经济格局的划分中,东、中、西部的发展一直不平衡。尽管十年前,国家提出了西部大开发的规划并付诸实施,但对于张家川的行店主来说,曾经生意上的辉煌如今已成了"无可奈何花落去"的颓势,内部发展动力的不足在外部环境的压力下更加突出。

在相对落后的西部地区,解决当下问题的必选路径包括:得到国家政策的大力扶助与支持,得到各级政府部门资金的补给,得到相关部门的技术支援等。用行店主的话说就是,西部大开发中国家的投入力度应该再大一些,像当年扶持深圳一样扶持西部是他们所盼望的。有了充实的资金和倾斜支持的政策,才可能吸引外来的技术人员,在外来力量的帮助下,促使地方力量逐渐成长起来。否则,一味地强调地方力量的自长,而忽略外援,那么这种成长将极为缓慢,最终与外界的差距会越来越大。

当然,外力的给予必须是综合的,而非单纯的财力支援或技术支持。尤其是在徒有财力而无技术配套的情况下,往往使得大量资金得不到合理利用。如前进行店1995年办了一个皮革加工厂,由于技术和设备落后,致使其加工出的产品成本较高,销路不畅,结果赔了400多万元。是技术而非资金的短缺成为张家川最初发展皮毛加工业的瓶颈,并由此造成目前发展中技术和资金的双重短缺。因此,在借助外力发展本地养殖业和皮毛加工业时,一定要注重资金和技术相配套的系统性。

第三,提升人力资本。

大多数行店主教育程度有限,使他们失去了在市场竞争中最强有力的人力资本,从而在最初就失去了以转产寻求出路的机遇。缺乏点子、缺乏创新是他们致命的缺陷,而这与他们的教育水平较低不无关联。因此,通过教育提升他们的人力资本是行店发展中必须要纳入的主题。

---

① 费孝通:《费孝通论西部开发与区域经济》,群言出版社2000年版,第326页。

但是，以何种方式发展这一地区的教育却是一个值得探讨的问题，是大力推广"标准式"教育还是另有其他路径可循呢？对于以往"标准式"教育在民族地区普遍推行的结果，已有学者指出其弊病，其针对性不明确，适应性差，导致在民族地区某些人群中产生了读书无用论的后果。① 为此，有学者指出："少数民族教育应以社区适应性为基础。少数民族教育的社区适应性的基本含义是，教育首先是向在本社区占支配地位的行业提供劳动者，适应这一要求，就必须设计出适合该社区这种行业的教育形式和内容。"② 这一要求使我们更加明确了，在围绕着行店业发展的困境中，教育的目标不再是提供普通的文化教育，而是有针对性地为参与行店活动的人员提供行业教育。至于教育的形式和内容可以灵活掌握，但方向必须明确，才可以避免少走弯路。可以初步预测，这种"社区适应性教育"比"标准化教育"无论就接受度还是效果而言，其可行性都要大一些。这一教育模式的推行可以为行店经营摆脱传统路径，与现代化的经营方向接轨奠定基础。

因此，我们所说的提高人力资本是基于行业教育而言的，这是目前较为可行的方式。只有人力资本提高了，才能加强对外力的接受力，将外来的资金和技术嫁接于本地，真正形成增长地方经济的积极力量。否则，即使能够得到外来资金和技术的支持，没有内化的能力，也根本不可能长远发展。

第四，扩充社会资本。

对那些作为中介的行店主来说，社会资本的扩充无疑非常重要。正如前文依据科尔曼对社会资本的定义所指出的，社会资本就是为个体行动提供了便利的社会关系，它的存在将增加行店主在市场中的竞争优势。现代的行店主应当效仿晚清至民国时期的行店主，与外界建立广泛的社会关系，有效利用关系网络中蕴含的各类型资源与同行中的佼佼者建立联系，重新建立广泛的社会网络，进而确保社会资本的

---

① 参见王玉玲《少数民族地区基本经济结构问题研究》，中央民族大学出版社2006年版，第171页。

② 王洛林、魏后凯：《中国西部大开发政策》，经济管理出版社2003年版，第48页。

不断扩充。目前在当地经营最好的星月行店,其负责人与河北的行店主建有广泛的联系,后者经常为其负责人介绍顾客,这使得它一直能立于不败之地。回想行店的恢复开办,也是MFC凭借自身已有的人脉积极筹措才促成的。因此,行店主应当在上线积极扩充供货群体,在下线积极扩充客户群,不仅在本地创办一条龙,还要和外地的大型养殖场主及大型皮毛加工企业建立深层联系。同时,也要和圈内的行店主和圈外的政策实施者建立联系,以便获得更多的信息和资源,从而在市场的竞争中赢得优势。正如有学者指出的:"由于我国社会正处于转型期,社会处在急剧的分化和整合之中,各种社会规范和制度还不完善,在社会资源配置中属于非制度因素的社会资本就起到了补充作用。社会资本为个体经营者提供了一个稳定的支援体体系。"[1]

第五,地方政府积极作为。

张家川行店市场的振兴不仅要从弥补自身的不足起步,也要依赖于政府大力度地支持。政府本身拥有的资源决定了它在民间经济发展中举足轻重的地位,它的行为积极与否,影响着一个市场的兴衰存亡。应当说,地方政府相关部门近几年来已经有所举措:如针对市场中个别经营者诚信意识差,使市场信誉度逐步降低的状况,县政府、工商局和龙山镇政府联合举办了"诚信货栈"的活动。通过对11户货栈进行授牌,旨在于建立信用体系,重振龙山皮毛市场的信誉,促进皮毛产业的发展。[2] 并且,面对近年来市场的持续滑坡,张家川县政府还作出了在龙山镇建立工业皮毛园的设想。至于结果姑且不谈,至少这一举措无疑给行店主们打了一支强心针,也显示了政府对于民间经济的积极态度。

在此基础上,政府相关部门还应该从具体实际出发,制定合理的税收政策和管理模式,提高服务水平,提供宽松的商业环境,加强基础设施的建设,为招商引资搭建良好平台。可以说,当地政府目前最

---

[1] 符平:《社会资本和个体经营者的创业与发展》,《社会》2003年第2期。
[2] 参见 www.ts.gsaic.gov.cn/newlist.asp? act = showone&a...8K 2009 - 7 - 8。

第八章 百年行店衰落后的思考

需要提高的能力是创新精神。被尊称为"现代管理学之父"的美国学者德鲁克指出,"未来25年里,最需要创业精神和创新的领域是政府,而不是企业或非营利机构"①。地方政府只有具备了创新精神,才能引导民间经济适时地转化、发展、壮大,在民间经济中发挥其应有的功能。张家川皮毛行店业的衰落与以河北为代表的异地皮毛行店业的壮大,恰好说明了地方政府是否具备创新能力,以及创新能力程度的高低对市场发展的好坏至关重要。政府适时地引导、扶持民间经济不断转型,将促使其获得发展。相反,如果地方政府缺乏这种意识,那么民间经济的发展势必受创。因此,地方政府应当积极作为,以此形成张家川行店业再次腾飞的契机。

从根本上讲,嵌入于地方社会的行店活动的转型,必须基于整个地方社会的转型。而在这转型的过程中,所有的努力似乎都源于一个根本的转变。"奥格本的理论推理出,社会作为一个稳定的机制在运行,在这个机制中,一部分变迁和均衡性如果被破坏,就会趋向于引发一个重建平衡性的补偿性变迁。尽管如此,在这种情况下,新的均衡条件与旧有的仍有所不同,在这两种均衡状态中会出现一个时滞。这种不平等的变迁速度会产生出一种张力或不正常调适,它转而会产生一个时滞问题,直到更缓慢的变迁——这种变迁常常是非物质的——文化出现。"② 对于皮毛行店的创新来讲,不仅仅是技术、政府引导、行店主的经营意识等某一方面的创新,更重要的是文化的创新,它决定着其他领域的创新。

只有从传统的思维方式中脱离出来,进行文化的创新,包括知识、价值观、思维等的转化,才能从根本上实现皮毛行店的重新振作,进而促进整个社会的进步。我们可以对这一转型做一归纳:外因冲击+内因存在→行店市场衰落→地方社会发展受阻→地方社会文化

---

① [美]彼得·德鲁克:《下一个社会的管理》,蔡文燕译,机械工业出版社2006年版,第69页。
② [美]史蒂文·瓦戈:《社会变迁》,王晓黎等译,北京大学出版社2007年版,第55页。

自觉＋外缘支持→行店市场重生→社会有序发展。

　　经历了这种内外张力及由此带来的社会变迁，一种新的社会系统均衡将逐步形成并稳定下来，而这个社会系统将从这种历练中完成一次新的进步。变迁和均衡是一个交替的过程，因此，变迁虽然会带来阵痛，但却是社会发展所无法回避的一步。

　　由此，我们可以认为，从社会变迁的角度来看，行店业的衰落似乎成为了地方社会转型的一种动力引擎，不啻为一种积极因素。因为就落后的山区而言，由于自我更新能力的欠缺，地方社会的发展往往依靠外界因素的刺激。行店业作为一种商贸活动，其特性决定了它以人们之间频繁的接触和地域间的频繁流动为根本。正是这种特性决定了它在百余年的变迁中，一直担负着地方社会与外界沟通的桥梁，成为地方社会感受外界变迁的渠道。无论是晚清至民国时期的股票发行、与洋行的贸易等，还是现代贸易的繁荣、衰落，行店业都将外界变化的气息及时地传递给了张家川，并影响着它的发展。反过来，不断变化了的地方社会又成为行店业成长的土壤。二者之间以一种必然相契的方式结合，这既是我们思考问题的基点，也是二者之间捆绑式命运的原由。因而，目前行店业的转型需要整个社会的协同努力，任何一种地方商业运营的成功都不单纯是这一领域自身的运作，而是整个社会系统提供的支持。在这种意义上讲，行店市场能否再次兴盛就不仅是一场经济的竞赛，更是一场地方社会与外在环境进行全方位比拼的综合性竞赛。虽然张家川行店目前正处于低谷，但是只要抓住机遇，创新思路，运用各方面的综合实力，仍然具有巨大的发展前景。所以，地方社会系统结构中的每一个组成元素既是这次破茧痛苦的承受者，也是未来重生希望的制造者。

参考文献

一 地方志及文史资料

甘肃省银行经济研究室编印：《甘肃省各县经济概况》（第一辑），1942年版。

《甘肃文史资料选辑》（第一至二十辑）。

《宁夏文史资料》（第一至十辑）。

《秦安县商业志》，内部资料，1992年。

清水县财政志编纂小组：《清水县财政志》，油印本，1999年。

《清水县文史资料》（第一至四辑）。

王凤翼等编纂：《清水县志》，清水县参议会，1948年石印版。

张家川回族自治县地方志编纂委员会编：《张家川回族自治县志》，甘肃人民出版社1999年版。

《张家川回族自治县概况》，民族出版社2008年版。

张家川回族自治县工商行政管理局编：《张家川回族自治县工商行政管理志》，1991年。

《张家川回族自治县税务局文件》，1992年。

《张家川文史资料》（第一至六辑）。

《张家川县政府工作报告》（2007年至2009年）。

《中国工商行会史料集》，中华书局1995年版。

二 中文专著

白寿彝主编:《中国回回民族史》(上),中华书局2003年版。

边燕杰编:《市场转型与社会分层——美国社会学者分析中国》,生活·读书·新知三联书店2002年版。

代雨东:《全商》,中国财政经济出版社2001年版。

邓慧君:《甘肃近代社会史》,甘肃人民出版社2007年版。

范长江:《中国的西北角》,新华出版社1980年版。

费孝通:《费孝通论西部开发与区域经济》,群言出版社2000年版。

费孝通:《费孝通民族研究文集》,民族出版社1988年版。

韩效文、杨建新主编:《各民族共创中华:回族、东乡族、保安族、撒拉族、裕固族、土族的贡献》,甘肃文化出版社1999年版。

虎有泽:《张家川回族的社会变迁研究》,民族出版社2005年版。

黄淑娉、龚佩华:《文化人类学理论方法研究》,广东高等教育出版社2004年版。

黄月云、王柱国主编:《张家川史话》,甘肃文化出版社2005年版。

梁小民:《小民话晋商》,北京大学出版社2007年版。

林耀华主编:《民族学通论》,中央民族大学出版社1997年版。

刘永佶主编:《中国民族地区经济社会发展与公共管理调查报告》,中央民族大学出版社2007年版。

马国瑛主编:《宣化冈志》,甘肃人民出版社2005年版。

马学强:《江南席家——中国一个经商大族的变迁》,商务印书馆2007年版。

潘益民编:《兰州之工商业与金融》,上海商务印书馆1936年版。

(清)金天柱著,海正忠点校、译注:《清真释疑》,宁夏人民出版社2002年版。

束锡红等:《西北回族社区现代化实践的新探索》,商务印书馆2004年版。

苏德成、马国强:《李得仓传》,甘肃文化出版社1997年版。

孙振玉主编:《回族社会经济文化研究》,兰州大学出版社2004年版。

唐力行:《商人与中国近世社会》,商务印书馆2006年版。

王根蓓:《市场秩序论》,上海财经大学出版社1997年版。

王洛林、魏后凯:《中国西部大开发政策》,经济管理出版社2003年版。

王先明:《晋中大院》,生活·读书·新知三联书店2002年版。

王永亮:《西北回族社会发展机制》,宁夏人民出版社1999年版。

王玉玲:《少数民族地区基本经济结构问题研究》,中央民族大学出版社2006年版。

王正伟:《回族民俗学》,宁夏人民出版社2008年版。

王正伟:《伊斯兰经济制度论纲》,民族出版社2004年版。

魏后凯、陈耀:《中国西部工业化与软环境建设》,中国财政经济出版社2003年版。

新望:《苏南模式的终结》,生活·读书·新知三联书店2005年版。

杨建新:《中国西北少数民族史》,民族出版社2003年版。

袁方、王汉生编:《社会研究方法教程》,北京大学出版社1997年版。

赵立行:《商人阶层的形成与西欧社会转型》,中国社会科学出版社2004年版。

赵利生:《民族社会学》,民族出版社2003年版。

周长城:《经济社会学》,中国人民大学出版社2003年版。

周智生:《商人与近代中国西南边疆社会》,中国社会科学出版社2006年版。

王密兰:《张家川皮毛产业和社会经济发展研究》,硕士学位论文,2006年。

三 外文原著与译著

Eric Teichman, *Travels of a Consular Officer in North-West China*, London:

Cambridge University Press, 1921.

In Search of Moslems in China, April 30th to July 2nd, 1936 [unpublished trip diary by Rev. Claude L. Pickens, Jr.]. Rev. Claude L. Pickens, Jr. Collection on Muslims in China. Harvard-Yenching Library.

［德］斐迪南·滕尼斯：《共同体与社会》，林荣远译，商务印书馆1999年版。

［法］尼古拉·埃尔潘：《消费社会学》，孙沛东译，社会科学文献出版社2005年版。

［美］E.博登海默：《法理学法哲学与法律方法》，邓正来译，中国政法大学出版社1999年版。

［美］彼得·德鲁克：《下一个社会的管理》，蔡文燕译，机械工业出版社2006年版。

［美］邓尼丝·拉德纳·卡莫迪：《妇女与世界宗教》，徐钧尧等译，四川人民出版社1989年版。

［美］马克·格兰诺维特：《镶嵌——社会网与经济行动》，罗家德译，社会科学文献出版社2007年版。

［美］麦克尔·赫兹菲尔德：《什么是人类常识》，刘珩等译，华夏出版社2005年版。

［美］史蒂文·瓦戈：《社会变迁》，王晓黎等译，北京大学出版社2007年版。

［美］詹姆斯·S.科尔曼：《社会科学理论的基础》，邓方译，社会科学文献出版社1999年版。

［瑞典］理查德·斯威德伯格：《经济社会学原理》，周长城等译，中国人民大学出版社2005年版。

［英］雷蒙德·弗思：《人文类型》，费孝通译，华夏出版社2002年版。

四 期刊论文

储东涛:《发展市场经济不需要"模式"》,《金三角》2000年第12期。

桂榕:《伊斯兰教建构回族和谐社会的地方性知识解读——以云南沙甸为例》,《思想战线》2008年第6期。

江枫:《老北京的"请会"》,《工会博览》2001年第24期。

李忱:《张家川皮毛贸易的历史与现状》,《甘肃民族研究》1993年第1期。

李刚、卫红丽:《明清时期山陕商人与青海歇家关系探微》,《青海民族研究》2004年第2期。

马安君:《近代青海歇家与洋行关系初探》,《内蒙古社会科学》2007年第3期。

马聪:《民国时期张家川私人商号的钱帖钱票》,《收藏》2007年第5期。

马平:《近代日青川康边藏区与内地贸易的回族中间商》,《回族研究》1996年第4期。

王致中:《"歇家"考》,《青海社会科学》1987年第2期。

赵鼎新:《集体行动、搭便车理论与形式社会学方法》,《社会学研究》2006年第1期。

[美] 马克·格兰诺维特:《作为社会结构的经济制度:分析框架》,梁玉兰译,《广西社会科学》2001年第3期。

[美] 詹姆斯·艾·米尔沃德:《1880—1909年回族商人与中国边境地区的羊毛贸易》,李占魁译,《甘肃民族研究》1989年第4期。

后　记

　　初识行店，纯属偶然。2007年冬，为准备博士论文选题，原本教了多年《经济社会学》课程的我，试图通过查阅西北地方经济文献寻找问题的突破。有幸的是，在翻阅《张家川文史资料》时，发现了"货栈"这一高频词。眼看春节将至，带着一论究竟的目的回天水婆家"小憩"。在聊天的空隙得知，被载入史册的"货栈"今日更多被当地人称为"行店"，而且，距离天水市区较近的龙山镇就曾经是闻名西北的皮毛贸易重镇。乘着假日闲暇，通过熟人引领，第一次前往日后成为我田野调查点的龙山。在那层层叠叠的皮毛垛中，在那狭窄的寻常巷陌间，历史中的皮毛贸易，悠然行走在当下，宛如生命般鲜活，这一切更加坚定了我研究回族皮毛行店的信心。

　　之后的调研日子和捉笔成文的岁月，虽然辛苦备至，但因为有诸多亲朋温暖的陪伴，艰辛与幸福满载心间。在此，希望能用我有限的文字对所有帮助过我的人表达无尽的感恩。

　　首先，我要毕恭毕敬地向那些被访者致意。正是他们的热情与耐心，保证了我田野调查的顺利。一定程度上讲，这些被访者也是我这部书稿的参与者。因为他们中的大多数人要么是行店活动的直接经营者，要么是行店活动的间接见证者。他们的活动，形塑了书稿中的研究对象；他们的访谈，帮助我厘清了研究中的茅塞；他们提供的账簿等物品，润色和翔实了我的书稿。但请原谅我，不能在此列出他们的姓名。

后 记

本书的写作能够顺利完成，要特别感谢我的博士导师杨建新先生和王希隆先生。杨先生虽逾古稀之年，但思维敏锐，知识广博，在他的鼓励与引导下，才有了研究内容最终的成型。王先生是将我领进民族学大门的良师，他治学严谨，宽爱后生，这种学术情怀深深地激励着我。正是在他们的带领下，让我感受到了民族社会学的魅力。

感谢赵利生教授对拙著的肯定，以及在书稿出版之际给予的慷慨帮助。感谢徐黎丽教授、闫丽娟教授、王洲塔教授、宗喀教授、武沐教授、李静教授、杨文炯教授和切排教授，感谢他们为我的研究内容提出的富有建设性的意见。

还要深深感谢我的硕士导师王晓兴先生，与先生相处日久，犹如家人般的亲近。是他一直以来对我的关怀与帮助，才让我在求学的道路上不断前进。感谢我工作单位的领导与同事们对我研究工作的支持，尤其感谢陈文江教授为该书稿的出版积极筹措资金。

感谢田文老师为本书的最终出版所付出的艰辛工作，没有她在寒冷冬日的鞭策和炎炎夏日的督促，这部书稿的面世估计还需待以时日。本书出版过程中，相关匿名评审专家提出了非常宝贵的修改意见，在此，对他们致以诚挚的谢意。

最后，要借着书稿出版成文的机会，感谢我的父母，这么多年来对我的支持与鼓舞；感谢我的婆婆，替我承揽了所有的家务；也要感谢我的丈夫和我们的宝贝女儿，他们营造的家庭温馨带给我无尽的动力。

这是一段艰辛而充实的旅程，感谢所有陪我走过的家人朋友！

靳晓芳
2019 年仲夏于兰州

补　　记

　　兜兜转转，这部书稿终将面世了。由于诸多原因，从成文之日到付梓出版，已历时十年有余。这段光阴，于我而言，是从而立到不惑的成长，于社会而言，则是换了新颜。

　　十多年来，该书调查的田野点张家川已摘帽脱贫，退出了国家级贫困县的行列。也断断续续收到一些消息，张家川行店已几近于无。行店主们普遍实现了华丽转身，在全国开起了饭店、宾馆，尤其是宾馆业的发展如火如荼。通过张家川商会的引领，他们纷纷加盟格林豪泰、宜必思、如家、锦江之星等国内外大型连锁酒店，摇身而变为新的"店主"。皮毛商贩也不得不离开家园，在各大城市另谋营生出路，或卖烤肉，或打零工。皮毛市场只是他们曾经的舞台，只要具备"基本功"，哪里都可以"搭台演戏"。

　　在这期间，也曾对书稿增增减减，修修补补，自认为无非是"剪裁边角"而已。涉及现代行店部分的资料虽已是十多年前的收集，但如果从本书的主旨和结构出发，再考虑到行店本身所具有的百余年历史，这些在今日看似较为陈旧的资料，仍是对那个时段行店发展与地方社会之间关系的说明。当然，对近十年资料的未能搜集，尤其是缺失对行店最后挣扎和落幕的见证，不得不说是一个遗憾，就让这遗憾留作来日去弥补吧！

　　离出版之日越近，心里越是惴惴不安，正应了所谓的"近乡情怯"。但即使再情怯，也毕竟要入乡，该要见面的总得见面，期待本书的出版能够获得学界同仁的批评与指正。

靳晓芳
2021年隆冬于兰州